JN438911

하상규 문학박사가
시조로 푼
우리의 아이덴티티

당신은, 자녀를 가르칠 수 있는가?

하 상 규 지음

나를 잃고, 뿌리를 잃고,
방황하는
오늘날의 우리들에게 던지는
선인들의 삶과 정신!

새문화출판사

초판 1쇄 2010년 6월 8일

지은이 : 하상규
펴낸이 : 하상규
펴낸곳 : 새문화출판사
등 록 : 2009년 12월 3일 제2009-000008호
주 소 : 부산광역시 동래구 안락1동 522-6
전 화 : 051)522-1607
e-mail : ha2677@hanmail.net
인 쇄 : 국제신문사

캘리그라피 : 강경호

ISBN 978-89-964486-0-0
값 10,000원

하상규 문학박사가
시조로 푼
우리의 정체성

당신은, 자녀를 가르칠 수 있는가?

하 상 규 지음

새문화출판사

머 리 글

우리는 지금 단군 이래 최고의 번영을 누리고 있다. 만해 한용운 선생은 예언하기를 "첫 36 년의 해에는 독립이 되고, 그 다음 36 년은 제대로 나라 구실을 못하다가, 제3의 36 년은 국운이 한없이 뻗친다."고 하였다. 지금까지는 적중해 가고 있다. 지금 우리의 국운은 상승세에 있다. 우리나라의 경제력은 이미 세계 10 위권 전후에 이르렀고, 우리 문화는 한류 열풍을 타고 전 세계로 뻗어나가고 있다. 이는 고조선 시대와 고구려 광개토대왕을 전후한 시대를 제외하고는 처음으로 누리는 민족의 영광이다. 달러로 환산한 국민소득의 순위는 몇몇 나라에 뒤지지만 국민들의 실생활수준은 극 상위일지도 모른다. 이는 해외에 나가본 사람이면 절감하는 일이다.

그러나 우리는 지금 소위 선진국의 문턱에서 허덕이고 있다. 금과옥조로 여기는 국민소득도 제자리에 멈춘 지 오래고, 세계로 나가는 문화도 아직 걸음마 단계이다. 그것도 대중문화가 대부분이다. 한계에 이른 듯하다. 그 원인은 무엇인가? 왜 우리는 이를 극복하고 비상(飛上)하지 못하는가?

우리의 근 · 현대사는 우리를 잃어온 역사이다. 일제 강점 이전은 국운이 쇠진해서 자중지란(自中之亂)이 이어짐으로써, 우리 문화는 쇠잔해지고 남의 문화도 발전적으로 수용하지 못하였다. 그러다 결국에는 국권을 잃었다. 일제치하에서는 국권을 잃고 민족의 생존권마저 위협당하는 처지였으므로, 우리의 문화를 지탱하고 창달하기가 어려운 시기였다. 겨우 국권과 생존권을 회복하기 위한 반대와 투쟁만 있는 세월이었다. 이어진 광복 후의 혼란과 이념대립, 남북분단, 6·25 사변, 반 독재투쟁, 반 군정투쟁을 거치면서 '나, 우리'를 더욱 잊어 왔고, 경제건설, 공업화·산업화, 정보화·지식경제시대를 거쳐 오면서 우리는 너무도 많이 서둘러 왔다.

다른 민족, 다른 국가 같으면 수세기에 걸쳐서 변화와 발전을 거듭하면서 이룩해야 할 것을, 우리는 광복 전후 1 세기 동안에 전통문화를 존중하는 봉건 농업국가에서 서구적 민주국가, 세계 10 위권 경제대국, 자본주의 국가, 산업국가, 정보화 지식산업 선진 국가로 급변해 왔다.

지금 인류의 문명은 팽창 지향적이다. 궁극적으로는 멸망을 향해 돌진(?)하고 있다. 어쩌면 우리가 그 선봉에 서있는 지도 모른다. 이렇게 나, 우리를 되돌아볼 겨를도 없이, 급격한 변화를 거쳐온 우리는 정신적 문화적 무국적의 상태, 곧 자아 상실·정체성의 상실상태에 있다고 해도 과언이 아닐 것이다. 재물(財物)을 모르고 인간의 성정(性情)과 예(禮)와 의(義)를 존중하던 유순한 민족이었던 우리가 오직 돈만을 소중하게 여기는 민족으로 전락해버렸다. 돈이 모든 것을 지배하는 세상이 되어버렸다. 약육강식 정글의 법칙만이 존재하는 무법천지가 되어버렸다. 어른도 아이도 없고, 상급자와 아래도 없고, 선생과 제자도 없고, 부모와 자식도 없고, 남편과 아내도 없다. 다만 살아남아야 하고, 돈을 벌어야만 하는, 그러한 '나'만 있을 뿐이다. 그러니, 나라도 없고, 부모도 모르고, 이웃을 돌볼 겨를이 없다. 그러다 자신의 욕구가 좌절되기라도 하면 자살을 해버린다. 안타깝게도 OECD

회원국 중에서도 자살률이 1위, 이혼율 1위, 출산율 꼴찌, 어린이 행복지수 꼴찌인 나라가 되어버렸다.

파렴치하고 흉악한 범죄 행위, 정치 스캔들, 사회 기강의 해이(解弛), 높은 이혼율, 교육의 붕괴, 존비속 상해, 자연 파괴, 각종 이권 단체의 과격한 시위와 파업, 사회적 갈등과 대립, 불륜, 무질서, 등등의 제 문제들은 돈과 관련이 되어있지 않는 것이 없다.

위정자의 정치구호도 경제가 제일 우선이고, 대학에는 학문이 없고 상아탑이 없다. 학자도 문화, 윤리, 인간의 본성을 이야기하기보다는 돈을 말해야 한다. 누구나 존경받고자하는 사람은, 집의 평수가 넓어야 하고, 외제 비싼 차를 타야하고, 자식은 외국에 내보내야 하고, 옷과 가방과 패물은 명품이어야만 한다. 여기에서 무시당하지 않으려면 교수도 연구실보다는 부정한 편법을 써서라도 부동산 투기를 해야 하고, 의사도 증권이나 펀드를 해야 한다. 현미경으로 봐도 편법 투기나 위장전입을 하지 않은 교수, 지도급 인사가 없다. 그래서 장관, 총리, 청와대 수석을 임명하려고 하여도, 소위 깨끗한 사람이 없다. 겨우 골라 놓으면 논문 표절자요, 가짜학위 소지자, 차명 계좌로 재산을 불린 자이다. 이를 비판하며 정권을 잡았던 운동권, 좌 편향적 인사들도 그 나물에 그 밥 아니면 한 수 더하는 사람들이었다.

이 모두는 어디에서 왔는가? 진정한 '나를, 우리를' 상실한 데서 온 것이다. 도덕, 양심, 인간성의 상실에서 온 것이다. 땀 흘려 일하고, 수단과 방법을 가리지 않고 돈을 벌어서 배는 불러졌지만, 예(禮)와 인간의 성정(性情)을 지키는 일을 소중히 여겨왔던 우리 선조들의 숭고한 정신과, 문화를 잃어버렸기 때문이다.

역천자(逆天者)는 망(亡)하고 순천자(順天子)는 존(存)한다고 했다. 순리를 어긴 재화(財貨)는 사상누각과 같다. 이 이치는 나라도 가정도 개인도 마찬가지이다. 역사가 이를 증명한다. 소돔과 고모라가 그랬고, 폼페이가 그랬고, 로마가 그랬다. 왕이 덕을 잃고 백성들이 문란했던 나라는 동서고금을 막론하고 모두가 역사에서 사라졌다.

이제 우리는 우리를 되돌아보아야 한다. 잊고 있던 '나, 우리'를 되찾아야 한다. 나를 우리를 되찾는 일은 무엇인가? 우리의 뿌리인 선인·조상들의 삶과 정신, 교훈을 되새기고 살리는 일이다. 인간성을 회복하는 일이요, 예와 도덕을 회복하는 일이다. 우리 선인들의 삶과 정신과 지혜는 어디에 있는가? 우리 조상님들의 글에 문학작품에 담겨 있다. 그 보고(寶庫)가 시조(時調)이다. 특히 우리 선인들은 "문(文)은 도(道)를 담는 그릇[文者載道之器(문자재도지기)]"이라 하였다. 그러므로 시조에는 선인들의 삶이 있고, 정신이 있고, 가르침이 있다. 여기에 내가 있고, 우리가 있고, 뿌리가 있다.

경제도 건설하자! 그 위에 우리의 문화와 정신과 지혜를 되찾자! 그래야 우리 문화도 창조 창달을 거듭할 것이다. 파멸이 아닌 번영과 평화가 영속되는 삶이 이어질 수 있을 것이다. 그럴 때에 우리 대한민국은 세계를 선도하는 선진국 중의 선진국이 될 것이다. 그런 뜻에서 1997년 1월부터 1999년 여름까지 매주 부산에서 발행되는 '국제신문'에 '古時調 감상'이란 고정 칼럼란을 얻어 연재하였다. 이 글을 통해서 우리 선인들의 삶과 문화와 정신을 살핌으로써, 뿌리를 잃고 허둥대며 살아가는 오늘날의 우리들에게 선인들이 주는 교훈을 되새기고자 하였다. 파멸을 향해 달리는 우리들의 삶에 경종을 울리고자 하였다. 작은 메아리였지만 그 씨를 뿌리고자 하였다.

부족한 글인데도 논조에 공감하는 독자들로부터 이 글들을 책으로 엮어달라는 간청이 죽 이어져왔다. 그래서 용기를 내어, 그간 세월의 흐름으로 인해 시사성이 뒤지는 글은 시의에 맞게 수정을 하고, 독자들의 이해를 도와야 할 글에는 각주로 보완을 하여 책으로 엮었다. 어쩌면 지금이 더욱 선인들의 교훈이 절실해진 때라고도 할 것이므로…….

이 책은 전술한 바와 같이 파멸을 향해가는 인류의 팽창문화에 편승해서, 재화 창출에 몰두함으로써, 나를 잃고 뿌리를 잃고 방황하는 오늘날의 우리들에게 선인들의 삶과 정신을 되새겨 경종을 울리고, 일깨우고자 하는 의도로 연재했던 글들이다. 그러므로 학술적인 해설서나 연구서의 개념이 아니므로, 시사성과 세태와 관련한 감상(感想)에서는 다소 무리한 논조가 있을 수 있음을 밝히고, 독자들의 새겨 읽으시는 해량을 기대한다.

부족한 글이나마 독자들로 하여금 우리 선인들의 교훈을 소중히 여겨 잠시 나를 되돌아보게 하고, 되찾는 데에 작은 씨앗이 되었으면 한다. 그리고 청소년들에게 읽혀져서 건강한 정신을 갖게 하고, 자녀 교육의 자료가 되었으면 한다. 그래서 건실한 경제와 함께 건전한 정신문화가 함께하는 건강한 나라가 되고, 찬란한 민족문화를 꽃피우는 데에, 그리고 세계 제일의 선진국이 되는 데에 작은 단초가 되었으면 하는 소망으로 부족한 글을 세상에 내어 놓으며 고개 숙여 질정을 구한다.

2010년 6월

竹川 하 상 규

일러두기

1. 본서에 실린 시조들은 독자들이 읽기가 편하도록 현대표기로 고쳐 표기하였으나, 시조가 지닌 예스러운 맛을 살리기 위하여 다소 원전의 맛을 살리려 했다.
2. 본서는 2 년 반에 걸쳐 시사(時事), 계절, 절후, 연간 행사 등을 고려하여 써서 '국제신문' 에 연재한 글이나, 내용별로 분류하여 편집했다.
3. 내용별로 묶어서 편집하기는 하였으나 글의 흐름에 순서가 있는 것은 아니므로, 언제 어디서나 어느 페이지 어느 글부터 읽어도 무방하다.
4. 2 년 반에 걸쳐 연재한 글을 내용별로 묶어서 편집하고 보니, 일부 글의 내용이 다소 유사한 면이 있다. 독자들의 양해를 구한다.
5. 인용한 시조의 초장 앞머리에 붙인 아라비아 숫자는 독자들의 편의를 위해서 연번을 붙인 것이다.
6. 時事와 관련 있는 글, 어휘, 인용문, 고사 등 설명이 필요한 것은 독자의 이해를 위해 각주로 간략히 설명했다.
7. 매 편마다 인용 시조 아래에는 인용 시조의 내용을 쉽게 풀이하고, 해설을 덧붙였는데 객관성을 유지하려고 하였다. 이에 이어서 그 시조가 지닌 교훈을 바탕으로 오늘날의 시사, 세태, 풍속, 사람들의 마음가짐 등을 비판, 풍자하고, 제언하였다.
8. 부록으로 '초장 첫 구로 찾아보기' 와 '시조 작가 해설' 을 권말에 실어 독자들의 편의를 돕고자 했다.
9. 본서는 연구서(硏究書)나 논문(論文)의 성격을 띤 저서가 아니고, 선인들의 삶과 정신과 교훈을 바탕으로 세상사를 비판, 풍자, 제언하는 글이므로, 다음의 역저(力著)들에 힘입은 바가 많음을 밝히고 저자들에게 감사를 드린다.

時調文學事典 : 鄭炳昱(新丘文化社,1966)
歷代時調全書 : 沈載完(世宗文化社,1972)
時調의 文獻的 研究 : 沈載完(世宗文化社,1972)
韓國時調大事典 : 朴乙洙(아세아文化社,1972)
古時調新釋 : 申瑛澈(研學社,1946)
古時調精解 ; 方鍾鉉(一成堂書店,1949
古時調新解 : 劉昌惇(東九文化社,1959)
古時調解說 : 韓春燮(弘新新書,1992)
고시조감상 ; 김종오(정신세계사,1990)
古時調註釋事典 : 朴湧植,黃忠基(國學資料院,1994)

차 례

*** 자연 사랑(自然愛)

*** 경(敬) – 경로 효친(敬老孝親)

··· 나라 사랑(愛國)

··· 부귀 경계(富貴警戒)

세상, 민심(道, 淸貧)

*** 지절(志節)

*** 인륜(人倫) – 사람(夫婦,兄弟,朋友)의 도리

*** 예덕(禮德)

사랑 (愛)

아, 사랑의 차원은 높고 깊어라.
서로를 지키면서 서로를 흠모(欽慕)하는
높고 깊은 사랑이여…!

1

사랑 모여 불이 되어 가슴에 피어나고,
간장 썩어 물이 되어 두 눈으로 솟아난다.
일신(一身)에 수화상침(水火相侵)하니 살동말동 하여라.

〈작자미상〉

「사랑으로 인해 가슴을 태우는 불꽃, 사랑으로 인해 애간장을 썩히는 아픔의 눈물, 그야말로 연약한 이 한 몸에 사랑의 정념과 눈물이 솟구치니 참으로 살아가기가 어려워라.」

인간의 존재는 사랑을 먹고사는 동물인가. 동서고금을 막론하고 사랑을 담지 않은 문학이 없고 노래가 없다. 밥이 육신의 양식이라면 사랑은 정신의, 영(靈)의 양식이라 할 것인가! 그래서 사랑 때문에 살기도 하고 죽기도 하며, 나라 간, 민족 간에 전쟁이 나기도 한다.

예부터 우리는 예(禮)와 악(樂)을 숭상해 왔다. '예' 는 물론이고 '악' 을 숭상한 까닭은 악이 민풍(民風)[1]을 순화하는 것으로 알았기 때문이다. 그래서 궁중에는 악부(樂府)와 같은 관청을 두어서 악(樂)을 연구하여 다듬고 가꾸게 했다. 물론 궁중 음악을 주로 다루었지만…….

1) 백성들의 풍속, 삶의 태도.

신은 인간의 가슴에 이 사랑을 갖게 하였으니, 신이 주신 선물 중 가장 위대한 선물은 바로 이 사랑이란 선물이 아닐까? 그래서인지 우리 고시조에도 기녀나 아녀자의 작품에서 뿐만 아니라 사대부의 것에 이르기까지 사랑을 노래한 시조가 많다.

그런데 사랑을 일컫기는 오늘날이 더해서 가히 사랑의 폭발시대라 할 것이다. 유행가 가사는 모두가 사랑이고, 연속극, 영화, 연극, 문학에 이르기까지 모두가 사랑, 사랑타령이다. 그렇지만 지금은 이렇게 사랑을 노래하는 악(樂)을 다루는 관청을 둘 수도, 두자는 생각조차도 할 수가 없는 시대이다. 다만 이를 음악시장에만 맡길 따름이다. 순화가 필요함이 절실하다. 어른이나 청소년들이나 정서가 황폐화 하지 않았는가?

문제는 그 사랑의 질과 품격이다.

선인들은 사랑을 말로만 노래로만 하지는 않았고, 눈으로만 하지도 않았고, 글로만 하지도 않았다. 그들은 사랑을 희생과 헌신으로 하였고, 가슴으로 하였으며, 태워도 소멸되지 않는 영혼으로 하였다.

1997년 6월 12일 목요일

2

마음이 어린 후(後)이니 하는 일이 다 어리다.
만중 운산에(萬中雲山)에 어느 님 오리마는,
지는 잎 부는 바람에 행여 귄가 하노라.

〈서경덕〉

「내 마음이 어리석으니 하는 일이 다 어리석기만 하다. 이 깊고 깊은 산중에까지 어느 임이 나를 찾아 올 리가 있을까마는, 그래도 지는 나뭇잎 소리나 작은 바람소리에도, 행여 임이 오는 소리인가 하고 가슴이 설레는구나.」

겨울이 이제 문턱을 바라보는 늦깊은 가을, 잠시 골치 아픈 세상사를 접고, 선인들의 멋스런 삶을 살피는 것도 의미 있는 일일 듯하다. 이 시조는 송도삼절(松都三絕)로 일컬어지기도 하면서 학문과 덕이 높았던 성리학자 서경덕의 작이다. 이 시조는 그에게 글을 배우러 다녔던 황진이를 생각하며 지은 것이라는 야사(野史)가 전한다. 지족선사(知足禪師)[2]를 파계시키기도 했던 황진이가 끝내 서경덕(호 花潭)에게서는 뜻을 이루지 못했다는 설이 있기는 하다. 그러나 서로 간에 마음을 두고 지었다는, 이런 시조들을 남기고 있는 것으로 보아, 고고한 도학자로만 알

2) 도가 높았다는 황진이와 같은 시대의 송도의 고승.

았던 화담에게도 이런 낭만적인 멋이 있었다는 점이, 그를 더욱 인간적으로 친근감을 느끼게도 한다.

이는 도학자 서경덕이 아닌, 한 인간으로서의 서경덕의 사랑의 심정을 노래한 것이리라. 자기 마음에 아로새겨진 가인(佳人)을 그리워하고 그 그리움이 깊이를 더하면 할수록 그리는 마음은 더욱 깊어지게 마련이다.

그러나 능란한 필력을 지닌 화담이 사제간의 정을 연심(戀心)[3]에 담아 표현한 것이라 해도 이 얼마나 멋진 작품인가? 만겹으로 앞을 가린 높은 산들은 임과의 사이에 놓인 물리적인 장애물일 수도 있겠으나, 지은이와 임과의 정신적 격차로 해석하기도 한다. 그러나 이보다는 임과 나 사이에 뛰어넘을 수 없는 벽, 또는 도학자로서의 자신의 처지를 말하는 것은 아닐까? 혹은 잡힐 듯하면서도 잡히지 않는 진리에의 애타는 그리움이라면 인간적인 멋에서는 멀어지는 것일까?

이 가을, 사랑을 하자. 그리워하는 것이 임이라면, 크리스찬은 하느님이, 불도는 득도(得道)가 또한 임일 것이다.

1998년 11월 27일 금요일

3) 사랑하여 그리워하는 마음.

3

내 언제 무신(無信)하여 님을 언제 속였건데,
월침삼경(月沈三更)에 온 뜻이 전혀 없네.
추풍(秋風)에 지는 잎 소리야 낸들 어리 하리오?

〈황진이〉

「내가 언제 신의가 없어서 임을 언제 속이기라도 하였기에, 달이 지고 삼경이건만, 내가 임을 찾아온 뜻이 전혀 없습니까?
그러시고도 나를 기다리신다고 하시니, 가을바람에 낙엽 지는 소리야 낸들 어찌할 도리가 있겠습니까?」

이 시조는 바로 앞에 실린 '서경덕'의 "마음이 어린 후이니… 지는 잎 부는 바람에 행여 긘가 하노라"고 노래한 시조에 화답한 시조이다. 시조는 원래 시문을 지으면서 풍류를 즐기던 자리에서나 아니면 이 시조처럼 시간, 장소를 달리하면서도 서로 자신의 뜻을 전해서 화문 화답(和問和答)하기도 하던 장르였다.

절세의 미모와 뛰어난 재질로 시문 · 노래 · 서화에 능하며, 많은 문인 · 석학들을 매혹시켰던 개성의 명기 황진이가 스스로 화담, 박연폭포와 함께 송도삼절을 말하면서, 시조 한 수로 벽계수를 사로잡고서는 화담과 쌍벽을 이루던 거승 지족선사를 파계시켰다는 이야기는 너무나도 유명하다. 여세를 몰아 화담을 유혹하려 하였으나 실패하고는 그 높은 덕을 흠숭하여 사제의 관계를 맺었다고 한다.

참으로 시조문학의 뛰어난 문학성을 넘치도록 맛나게 표현한 수작(秀作)들이다.

본 시조를 읽었을 때의 맛은, 뜻을 새겨본 아래 산문의 맛과는 천장지차(天丈之差)가 있음을 알 수 있다. '제가 언제 신의가 없어서 임에게 오마 오마고 하고서도 오지 않은 일이 있으며, 와 있으면서도 오지 않은 것처럼 속인 일이라도 있습니까? 그렇게도 임을 그리워하여 찾아뵈었던 날 밤에는 달이 지고 밤이 깊어 삼경이 되었었건만, 그때에는 끝내 사제의 정을 흩트리지 않으셨던 임께서, 어인 일로, 저를 외오 두고서는 그리워하신다니 참으로 스승님의 뜻은 알 수가 없구료…. 명경 같이 차가우시던 임께서, 지는 잎 바람 소리에도 저를 그리워하신다니, 그것은 스승님의 일…. 절로 오는 가을바람 소리와 낙엽 지는 소리야 저인들 어찌할 도리가 있겠습니까. 그러나 스승님 존경합니다. 그리고 스승님 저도 스승님 못지않게 스승님을 사모(思慕)합니다.'

아, 사랑의 차원은 높고 깊어라. 서로를 지키면서 서로를 흠모(欽慕)하는 높고 깊은 사랑이여……!

1998년 12월 4일 금요일

4

내 사랑 남 주지 말고 남의 사랑 탐치 마소.
우리의 두 사랑에 잡사랑 행여 섞일세라.
평생에 이 사랑 가지고 백년동락(百年同樂)하리라.

〈작자미상〉

「나의 사랑을 남에게 빼앗길 수 없는 일이 듯이, 당신도 남의 사랑을 탐내지 마십시오. 알뜰한 우리 둘만의 순수한 사랑에 행여 잡된 사랑이 섞여서는 안 될 일이니, 평생에 이 진실한 사랑을 잃지 않고 백년해로(百年偕老)하리라.」

순수한 사랑을 지키려는 결연한 의지가 선명하다. 내 사랑이 소중하면 남의 사랑도 소중한 것, 남의 사랑이 지켜질 때 나의 사랑도 지켜지는 법이다.

"남의 사랑을 탐치 말라."는 가르침은 오륜을 숭상하던 선조들이, 자신들을 향한 다짐이기도 하겠지만 어쩌면 오늘날과 같은 훗날을 예견하고 후손들을 깨우치기 위한 질타인 듯도 하다.

우리는 산업사회, 정보화사회, 글로벌 시대에 살고 있다. 남성들은 사회 활동이 벅차고 여성들도 다양한 분야에서 사회 활동에 참여하고 있다.

또한 우리 사회는 소득의 증대에 따라 유흥업, 향락 산업이 번창하고, 외국과의 교류 확대로 성개방 문화가 무분별하게 유입

되고 있다. 사업상, 외교상이란 핑계로 갖는 잦은 외식과 회식이며 사교모임이 일상화되었다. 자연히 가족을 등한시하게 되었고 아내와 남편에 대한 서로의 신의와 도리가 소홀해져 가고 있다. 이 위에 부부간에 갖추어야할 도리며 예절과 법도를 가르치는 가정교육, 학교교육이 미미하고 사회규범이 무너져 가고 있다. 그래서 부부가 함께 살아가면서도 불만과 의심으로 고민하는 가정이 늘어가고, 가정법원이 만원이다.

가정과 가족은 소중하다!

부부간 사랑의 덕목 중엔 믿음(信)이 제일이다. 나는 가지 않고 내 아내는 절대로 가지 않는데도, 어찌하여 도시주변은 물론 시골길 한적한 곳마다 '러브호텔' 은 날로 달로 늘어만 가는가?

가정이 튼튼해야 나라가 튼튼해지는 법이다.

1997년 6월 19일 목요일

5

묏버들 가려 꺾어 보내노라 임의 손에,
자시는 창(窓)밖에 심어두고 보소서,
밤비에 새잎 곧 나거든 날인가도 여기소서.

〈홍 랑〉

「멧버들 가지를 가리어 꺾어서 사랑하는 임께 보내어 드리오니, 주무시는 창 밖에 심어 두고 늘 보십시오. 그리고 그 버들가지가 봄비를 맞아 새잎이 나거든 애련히 젖어 있는 모양을 나인 듯이 여기시고 반겨 보아주소서.」

홍랑은 조선 선조 때의 이름난 기생이었다. 그녀는 최경창이란 선비와 서로 정이 두터웠다. 그는 문장과 학문에 뛰어나 이이(李珥)와 함께 팔문장(八文章), 삼당(三唐) 시인(詩人)으로도 불리었던 선비였는데, 그가 북평사로 경성(鏡城)에 주재할 때의 일이다.

그 뒤 최경창이 상경을 하게 되자, 이별을 못하고 영흥(鈴興)에 이르도록 따르며 배웅을 했다고 한다. 되돌아가는 길에 함관령에 이르렀을 때, 날은 저물고 궂은비까지 내리는 속에, 객사 창밖에는 한 그루 버드나무가 비를 맞고 있었다. 그를 그리는 마음에 가지를 꺾어서 이 시조와 함께 보냈다고 한다. 얼마나 간절한 사랑이며, 멋진 애정의 표현인가. 임이 잊지 않고 나인

양 보아달라는 당부이면서 자신도 버드나무에 마음을 실어 항상 임을 바라보겠다는 표현이다. 상경한 최경창이 병이 들자 홍랑이 7 주야를 달려 서울에까지 찾아온 일이 말썽이 되어, 벼슬을 내어놓게 되었다는 일화가 전하나, 실은 최경창은 상경 도중에 죽었다. 임진왜란 중에는 그의 시고(詩稿)를 안고 간직하여 전화(戰禍)에서 구하였다고 하며, 죽어서는 최경창의 묘 아래에 묻혔다고 한다.

오늘은 음력 삼월 일일 춘삼월 호시절이다. 그야말로 들과 산에는 봄이 무르익었다. 아름다운 꽃이며 새싹 새순들이 새 생명으로 약동하고 있다. 잠시 하던 일을 멈추고 눈을 들어, 봄의 산과 들을 바라보기도 하자. 잠시 근심걱정을 떨쳐 버리고, 봄의 아름다움에 몸을 던져 보기도 하자. 봄은 사랑의 계절. 멋진 사랑이 이루어질 만도 하지 않은가? 인생은 두 번 오는 것이 아니다. 가끔 여유를 가지기도 하자.

버들가지에 사랑을 실어 보낼 나의 홍랑도 있음직하지 않은가!

1999년 4월 16일 금요일

시절 (時節)

사람은 이성으로 사물을 판단할 뿐만 아니라,
더 적극적으로는 어떤 일에 스스로 의미를 부여하여 이를
실행하려는 존재라고도 할 것이다.
그 예가 '새해' 라는 개념일 것이다.
이야말로 흘러가는 시간의 흐름 속에 일정한 마디를 두고
여기에 의미를 부여한 것이 아닌가?
그런데 스스로 만들고 의미를 부여한 '새해' 며 '설날' 을
맞으면서도, 아무런 각성과 변화와 다짐이 없다면,
거기에 무슨 뜻이 있을 것인가?

(선조들의 소중한 삶들을 오늘날의 우리는 애써서 버려왔다.)

6

천지(天地)도 광대(廣大)하다. 내 마음 같이 광대(廣大).
일월(日月)도 광명(光明)하다. 내 마음 같이 광명(光明).
진실(眞實)로 내 마음 천지일월(天地日月) 같게 하면 요순동귀(堯舜同歸)하오리라.

〈황윤석〉

「하늘과 땅이 넓기도 넓다. 내 마음같이 넓기도 넓다. 해와 달도 밝기도 밝다. 내 마음같이 밝기도 밝다. 진실로 우리 모두가 자신의 마음을 하늘과 땅처럼 넓게 가지고, 해와 달처럼 밝게 가진다면, 우리 모두는 요순시절 같은 광명정대한 세상으로 함께 돌아 갈 수 있으리라는 뜻이다.」

이제 묵은해를 보내고 정축(丁丑)년[4] 새해를 맞으면서 우리 모두 선인들의 이런 가르침을 되새겨 봄직하다. 우리 선인들은 천심을 지니고 순박하게 살아 온 백성들이다. 푸른 하늘 아래, 맑고 아름다운 강산에서 흰 옷을 즐겨 입고 광명정대하게 살아 온 겨레이다. 다만 그들에게 근심이 있었다면 외침과 굶주림에 따른 것일 뿐이었다.

4) 1997년 1월 15일부터 국제신문에 古時調 감상이라는 난을 마련하고 1회분으로 실은 글이다. 정초의 글이라 새해에 가졌으면 하는 마음가짐을 담아보았다. 오늘날도 이런 마음가짐은 절실히 요망된다.

근래에 우리가 조금 흐트러진 모습을 보인 것은, 이 오랜 가난을 극복하는 과정에서 우리의 본모습을 잠시 등한시 했을 뿐이다.

우리 모두 새해에는 좁고 작고 어두운 마음, 곧 눈앞의 이로움에만 얽매이지 말고 더 넓고 큰마음을 갖자.

사람과 사람이 서로 믿을 수 있는 세상, 국민 모두가 법과 질서를 지키는 세상, 도덕과 윤리가 살아 있는 세상, 남의 잘못을 너그러이 용서하고, 자신의 잘못을 사죄하는 세상, 서로 돕고 의지하며 양보하는 세상, 비난하기 보다는 칭찬하고 격려하는 세상이라면……, 더 이상 바랄 것이 무엇이며, 또 우리가 못 이룰 것이 무엇인가! 남이 이루어 주기 전에 내 마음 하나만 광대(廣大) 광명(光明)하게만 가진다면 이곳이 곧 지상낙원이다.

자 이제 새해 새날을 맞아 우리 선인들의 교훈을 되새겨 깨우치자.

1997년 1월 15일 수요일

7

봄비 갠 아침에 잠깨어 일어보니,
반개화봉(半開花封)이 다투어 피는구나!
춘조(春鳥)도 춘흥(春興)을 못 이기어 노래 춤을 한다.

〈김수장〉

「봄비가 개인 아침에 잠을 깨어서 일어나 보니, 반쯤 열렸던 꽃봉오리들이 서로 먼저 피려고 다투기라도 하듯 활짝 활짝 피는구나, 새봄을 즐기는 새들도 봄을 맞은 흥겨움에 겨워, 노래하고 춤을 춘다.」

봄을 기다리는 마음, 봄을 맞는 흥취는 고금이 다를 리가 없다. 꽃들이 만개하는 완연한 봄날을 고대하는 심정과 봄을 맞은 흥겨움을 노래한 시조이다.

봄은 아름다운 계절이다. 얼어붙었던 땅이 녹기 시작하면 풀과 나무들이 싹이 트기 시작한다. 먼저 갯버들에 꽃이 달려 늘어지고, 할미꽃, 제비꽃이 피기 시작하여 노란 개나리, 연분홍 미선나무, 살구꽃, 분홍빛 진달래, 화사한 벚꽃으로 봄이 무르익고 앞뜰에는 모란, 작약, 민들레가 봄의 정취를 더한다.

새들도 봄이 오면 제비, 큰유리새, 두견, 파랑새가 차례로 날아와 합창을 하고, 종달새가 하늘 높이 날아올라 지저귀고, 까마귀, 참새가 알을 낳아 새끼를 깐다.

봄은 희망의 계절이다. 만물이 소생하여 약동하는 계절이다. 동면(冬眠)하던 짐승들과 곤충들이 생기를 찾아 활동하고, 말라붙었던 대지가 파릇한 새 옷으로 단장을 하고, 앙상하던 나뭇가지들이 연록의 새잎으로 치장한다. 맑은 산골 물이 노래하며 흐르고, 아지랑이 아롱이는 봄 들판에는 농부가 밭을 갈아 씨를 뿌린다.

봄은 아름답고 희망찬 계절이다. 그래서 봄은 흔히 역경과 시련을 이기고 얻는 광명을 뜻하기도 한다. 어두운 역사를 극복하고 맞이하는 밝은 새날을 의미하기도 한다.

이제 3월, 봄이 왔다. 지난 겨울은 춥고 어려웠던 계절이었다. 계절의 봄과 함께 우리 모두 새로운 각오로 희망찬 새날을 맞이하자.

1998년 3월 5일 목요일

8

묵은해 보내올 제 시름 한 데 전송(餞送)하세.
흰골무 콩인절미 자채술 국 안주에 경신(庚申)을 새오랄 제,
이윽고 자미승(粢米僧) 돌아가니 새해런가 하노라.

〈이정신〉

「묵은해를 보낼 때에 근심과 걱정도 함께 잔치를 베풀어 작별해 보내세. 흰 골무떡이며 콩인절미에 자채쌀로 빚은 술과 잘 끓인 국(羹湯갱탕) 안주를 즐기면서 경신년을 새우려 할 때, 한참 후에 아이들의 복을 빌려고 쌀을 얻던 스님이 돌아가니 곧 새해인가 하노라.」

작자는 영조조의 사람이니 경신년은 1740년이다. 그러니 이 시조는 지금으로부터 258년[5] 전에 작자가 섣달 그믐날 밤을 꼬박 새워 보내면서 새해를 맞는 감회를 읊은 것이다.

우리는 이 시조를 통해서 옛 선인들의 송구영신(送舊迎新)하던 풍속과 생각을 살필 수 있다. 우리 선인들은 묵은해를 보내면서 그 해의 근심과 걱정까지도 함께 가버리기를 기원하면서 그들에게 갖은 음식을 차리고 융숭한 대접을 해서 송별하였음을 알 수 있다. 이는 다시 겪고 싶지 않은 지난해의 근심과 걱정

5) 2010년엔 270년 전이 됨

들이 행여 되돌아오지 않기를 바라면서, 이들을 달래서라도 보내고 싶은 심정의 표현일 것이다. 이제 밤이 늦어 자미승이 돌아가니 대망의 새해가 밝았다는 것이다.

양력을 주로 쓰는 우리들은 이미 새해를 맞았다고는 하나 실은 지금까지도 정축(丁丑)년이다. 이제 닷새가 지나 음력 정월 초하루를 맞아야 진정한 무인(戊寅)년[6]을 맞게 된다. 해마다 우리는 묵은해를 보내고 새해를 맞으면, 대망의 새해가 밝았다고들 해 왔다. 올해는 새해를 맞는 심정이 무겁기만 하다.[7] 안타까운 일이다.

그러나 매사는 마음에 달린 것. 멀리 뛰기 위해서는 뒤로 몇 걸음을 물러서는 법. 자, 이제 잘못된 지난날을 딛고 새로운 각오로 범[8]같이 떨쳐 나가자.

1998년 1월 22일 목요일

---

6) 1999년 음력 1월 1일.
7) IMF 경제위기 중이었음.
8) 무인년(戊寅年)은 범의 해임.

9

오월 한 수릿날 남게 걸은 그네 줄을
베거니 밀거니 가는 듯 고쳐 온다.
어찌타 널 걸은 님은 가고 아니 오나니.

〈무명씨〉

「오월의 큰 명절인 단오절을 맞아 나무에 걸어놓은 그네에 올라 줄을 당기기도 하고 밀기도 하니, 그네 줄이 하늘을 날아가듯 솟구쳤다가는 곧 다시 되돌아 내려온다. 그런데 어찌하여 너를 나무에 건 임, 곧 나와 인연을 맺은 임은 한번 가시고는 다시 아니 오시는고.」

큰 명절인 단오절을 맞아 단오절 풍속 중의 하나인 그네를 즐기면서 임을 그리워하는 시조이다.

단오는 우리 겨레의 오랜 명절 중의 하나이다. 고대 마한의 풍속을 적은 위지(魏志) '한전(韓傳)' 에 의하면 "파종이 끝난 5월에도 군중이 모여 신에게 제사하고 가무와 음주로 주야를 쉬지 않고 놀았다."고 한다. 이로 보아 단오는 농경의 풍작을 기원하는 제삿날인 오월제(五月祭)의 유풍인 듯하다.

지금은 잊혀져 가는 명절이 되어 버렸지만, 얼마 전까지만 해도 여러 가지 음식과 놀이를 즐겨 오던 큰 명절이었다. 조상에 차례를 지내고, 차륜병(車輪餠)이라는 절편을 만들어 먹고, 그

네뛰기, 씨름, 탈춤, 사자춤, 가면극을 즐기기도 하고, 여자들은 '단오비음' 이라 하여 나쁜 귀신을 쫓는다고 창포물로 머리와 얼굴을 씻고, 붉고 푸른 옷을 입었으며, 머리에는 창포뿌리에 수복(壽福)[9]이라는 두 글자를 새겨 연지를 칠한 창포잠(菖蒲簪)[10]을 꽂았다.

이날은 후대로 오면서 노동절과도 흡사하였다. 농번기를 앞두고 이날 하루는 머슴들이며, 집안의 일을 돕는 부녀자들에게도 약간의 용돈을 주고 새 옷을 입혀서 들로 산으로 마을로 나가 여러 놀이를 즐기면서 하루를 보내게 해 왔다.

오늘은 단오를 앞둔 음력 오월 초하루이다. 우리는 이런 우리의 것들을 너무나 많이 잃어 가고 있다. 우리는 누구이며 어디로 가고 있는가? 세계화, 정보화, 지식기반사회…. 이런 파괴의 문화, 팽창의 문화는 결국에는 인류를 종말로 인도할 것이 아닌가? 미래 학자는 왜 21세기 후반과 22세기는 예언을 하지 못 하는가?

1999년 6월 14일 월요일

9) 오래 살고 복을 누리는 일.
10) 창포로 만든 비녀.

10

까마귀 싸우는 골에 백로(白鷺)야 가지마라.
성낸 까마귀 흰빛을 새올세라.
청강(淸江)에 일껏 씻은 몸을 더럽힐까 하노라.

〈정몽주 모당〉

「검고 더러운 까마귀들이 싸우는 골짜기에 희고 깨끗한 해오라기야 가지를 말아라. 성난 까마귀들이 너의 희고 깨끗한 빛을 시샘하고 미워할 것이니, 모처럼 맑은 강물에 곱게 씻은 너의 몸을 더럽힐까 염려스럽구나.」

정몽주의 모당(母堂)이, 아들의 몸가짐에 대한 훈계로 지은 것이라 한다. 우리 선인들은 부모 스스로가 자식들의 본이 되게 살았다. 그리고 자녀들에게 그들이 마땅히 해야 할 일, 해서는 안 될 일들을 일깨우면서 길렀다. 낭원군의 시조에 "어버이 날 낳으셔 어질과저 길러내니" 한 것처럼 아버지 어머니는 낳기만 한 것이 아니라 자녀가 사람이 되도록 가르쳐서 길렀다.

5월은 '청소년의 달' 이고 5일은 '어린이 날' 이다. 우리는 자식을 바르게 기르고 있는가? 어느 가톨릭 사제(司祭)가 필자에게 보낸 묵상카드는 그 답을 생각하게 한다.

"어느 부잣집 막내딸이 시집을 갔습니다. 첫 아들을 낳았습니다. 어머니는 아들을 너무너무 사랑했습니다. 아이가 자라는 동안 어머니는 아이의 모든 것이 되어 주었습니다. 운동화도 신겨 주고, 학교까지 자가용으로 등교를 시켜 주었습니다. 어머니는 아이가 할 수 있는 일조차 사랑이라는 미명 하에 모두 빼앗아 버렸습니다. 어머니는 즐거웠고, 아이는 주체성 없는 허수아비 인격체로 커갔습니다. 그 아이가 자라 어른이 되어 결혼을 하였습니다. 드디어 그 아들은 사회에 홀로 던져지게 되었습니다. 부딪히는 일마다 스스로의 능력과 의지로 극복하지 못하고, 알코올 중독자가 되었습니다. 어머니는 이제 늙은 할머니가 되었습니다. 할머니가 된 어머니는 아들의 처참한 모습 앞에서 엄청난 고통의 나날을 지내고 계십니다. 할머니는 자기만족의 사랑이 가져다주는 대가를 죽을 때까지 겪게 될 것입니다. 할머니는 죽기 전에 원인과 결과를 모두 체험하게 됩니다."

우리는, 아니 나는 우리 자녀들을, 사람이 주는 모이에 익숙해져서 결국에는 하늘을 나는 능력을 잃어버린 닭과 같은 자녀로 만들고는 있지 않은지? 이 '5월'에, 이 '어린이날'에 한번 생각해 볼 일이다.

1998년 5월 1일 금요일

11

논밭 갈아 기음 매고 베잠방이 대님쳐 신들메고,
낫 갈아 허리에 차고 도끼 벼려 둘러메고 무림산중(茂林山中) 들어가서 삭달이 마른 섶을 쪼개거니 베거니 지게에 짊어 지팡이 받쳐놓고 샘을 찾아가서 점심(點心)도슭 부시고 곰방대를 톡톡 털어 잎담배 피워 물고 콧노래 조올다가,
석양(夕陽)이 재 넘어 갈 제 어깨를 추이러며 긴소리 짧은 소리하며 어이 갈고 하노라.

〈작자미상〉

「논밭을 갈고 김을 매고 베잠방이를 대님처서 들메끈을 매고, 낫을 갈아 허리에 차고 도끼를 벼리어 둘러메고 나무가 우거진 산 속에 들어가 삭정이 마른풀을 베거니 자르거니 하여 지게에 지워 지팡이로 받쳐 놓고 샘물을 찾아가 점심 도시락을 비우고 곰방대를 톡톡 떨어 잎담배를 피워 물고 콧노래 부르며 졸다가, 석양이 재를 넘어 갈 때쯤 어깨를 추키며 긴소리 짧은 소리하며 어찌 갈고 하노라.」

가난한 농민의 고달픈 생활상과 노동에 짓눌린 진취성 없는 농민 생활의 애환이 자세히 드러나 있는 사설시조이다. 논밭 갈고 씨 뿌려서 매가꾸고 수확하여 작은 식량 마련하고, 나무하여

땔감하고 목화와 삼을 길러 길쌈하여 옷 해 입고, 저녁이면 짚신 삼고 새끼를 꼬고, 아침이면 소 · 돼지 마구를 치고, 거름을 지고, 인분을 퍼냈다. 그저 잡초처럼 왔다가 두더지처럼 땅만 파다가 갔을 뿐이다. 이렇게 일해서 자신과 가족과 백성들을 먹이고 입혀왔건만 그들을 기리는 송공비(誦功碑) 하나 없었고, 그들을 기록한 역사 한 줄 없었다.

그저께(11일)은 '농업인의 날' 이었다. '농자천하지대본(農者天下之大本)' 이란 말은, 예나 지금이나 허황된 구호일 뿐, 그들을 위한 팡파르도, 그들 스스로의 자축연도 없었다. 그들에게는 월계관도, 지위도, 명예도, 권력도, 잘 차려 입은 화려함도, 세인의 부러움도 없다.

보라!

IMF로 경제난으로 퇴직이 된 자라 할지라도 노숙 · 걸식을 했으면 했지, 농촌으로 돌아가 농사를 지으려는 이가 있는가?

1998년 11월 13일 금요일

12

청산(靑山)은 내 뜻이요, 녹수(錄水)는 임의 정(精)이,
녹수(錄水) 흘러간들 청산(靑山)이야 변(變)할쏜가?
녹수(錄水)도 청산(靑山)을 못 잊어 울어 예어 가는고?

〈황진이〉

「변함없이 푸른 산은 나의 뜻이요, 쉬지 않고 흐르는 푸른 물은 임의 정이로다. 푸른 산을 휘감고 흘러, 푸르던 물은 흘러서 가버리지만, 청산이야 변할 리가 있겠는가? 하지만 흘러가는 물도 자기가 놀던 산을 못 잊어서 울면서 흘러가는구나.」

무성한 초목이 푸른빛을 자랑하며, 밝은 햇살에 반짝이며 맑은 바람에 살랑거리는 청산은, 아름다움과 따뜻한 애정을 지닌 나의 마음이라면, 그 밑으로 푸르럼을 머금고 흐르던 '녹수'는 나를 사랑한 임이 나에게 새겨준 정이라. 정을 남기고 흘러간 녹수야 어디론가 흘러가버렸지만, 임을 향한 청산의 마음이야 변할 리가 있겠는가? 청산아 그 말을 말아라. 녹수도 너 청산을 못 잊어 울면서 흘러간단다.

천하의 명기 황진이가 연금술사처럼 언어와 시조를 마음껏 희롱했다고나 할까. 몇 행 몇 구가 안 되는 짧은 가락에 더 없이 아름다운 전경이 담기고, 사랑이 휘감기고 넘실거려 그리움이 곡진하다. 이를 황진이의 낭랑한 옥음(玉音)에 담아 창(唱)을 했

다면, 참으로 녹음(綠陰)이 넘실거리고, 녹수가 일렁이며, 사랑과 그리움이 간절했으리라.

실로 황진이는 선비, 호걸, 시인, 묵객(墨客)들과 많은 친교를 가졌고 이별도 하였으리라. 그런 사귐과 이별 중에는 서 화담(서경덕)과의 경우처럼 두터운 정으로 인해 가슴앓이를 해야 했던 경우도 있었을 것이다. 그것이 황진이를 불세출의 여류시인이 되게 한 것은 아닐까?

살기에 바쁜 현대인들이여! 가끔씩이라도 눈과 마음을 들어 주변의 산자락이라도 바라보는 여유를 갖자!

당신은 보는가? 지금 계절의 여왕 오월이 다 지나가고 있음을! 수줍은 신록이 더없이 맑고 푸름을 자랑하며 당신을 기다리고 있음을……! 혹 당신이 옛적에 청산 기슭을 울면서 흐른 일이 있는 녹수라면, 옛 청산을 그리워도 해보자. 그 청산도 당신 녹수를 그리고 있을 지도 모를 일이니…….

1999년 5월 24일 월요일

13

소년(少年) 십오(十五) 이십시(二十時)에 하던 일이 어제런 듯,
소꿉질 뜀박질과 씨름 탁견 유산(遊山)하기 소골(小骨) 장기 투전(投箋)하기 제기차고 연(鳶)날리기 주사청루(酒肆青樓) 출입(出入)다가 사람차기 하기로다.
만일(萬一)에 팔자(八字)가 좋아망정 신수(身數)가 험하던들 큰 일 날 번 하괘라.

〈김민순〉

「소년이던 시절, 나이가 십오 세에서 이십 세이던 시절에 행하던 일이 마치 어제의 일처럼 선명하다. 소꿉놀이 뜀박질이며, 씨름, 탁견, 산놀음하기, 골패하기, 장기두기, 노름하기, 제기차고 연 날리고, 기생집 찾아 술 마시고, 사람 쳐서 싸움질하기…. 이렇게 소중한 시절을 다 허비하였도다.

그래서 나는 만에 하나로 팔자가 좋았기에 망정이지, 만약 나에게 주어진 운수가 험하였던들 참으로 큰일 날 뻔 하였도다.」

청소년 시절을 건전하게 보내지 못하고, 놀이와 잡기와 주색으로 보낸 사람이 노년에 이르러서야 어린 시절의 잘못 산 삶을 후회하는 농조(弄調)의 시조이다. 중국 진나라의 도연명은 "젊은 시절은 거듭 오지 않으며/ 하루에 아침을 두 번 맞지 못한

다./ 때를 놓치지 말고 부지런히 힘써라./ 세월은 사람을 기다리지 아니한다.(靑年不重來/一日難再晨/及時當勉勵/歲月不待人)"라고 노래했다. 인용한 시조와 시상이 유사하다.

어느 시절이나 게으른 자는 있게 마련이고 또 누구나 자신의 삶을 되돌아본다면 보람보다 후회가 많을 것이다. 이 글들은 먼저 살아본 이들이, 젊은이들에게 후회할 삶을 살지 말기를 당부하는 것들이다.

그러나 오늘날의 청소년들은 어떠한가? 근면의 차원이 아니다. 그들은 기성세대가 겪어보지 못한 문화 속에서 성장한 세대들이다. 가족계획에 의해 출생된 세대, 물질적 풍요 속에서 성장한 세대, 다양한 영상문화, 전자기기를 향유하면서 자라는 세대들이다. 그래서 그들은 우리보다 나, 가치보다 탈 가치, 의미보다 이미지, 긍정보다 저항, 근면보다 쾌락, 이성보다 감성, 온유보다는 폭력을 중히 여기는 세대들이다. 그들의 문화도 어쩌면 시대에 따른 필연이고, 나름대로는 가치가 있게 마련일 것이다.

그러나 앞으로의 사회를 염려하지 않을 수가 없다. 그들의 문화에는 인류 보편의 문화라 할 '규칙준수'가 없다. 사회 유지를 위한 기초 질서가 없다. 더 큰 문제는, 이에 대해 그 누구도 문제의 심각성과 책임을 통감하지 못하고 있다는 것이다.

1999년 2월 26일 금요일

14

창(窓)밖에 아이 와서 오늘이 새해오거늘,
동창(東窓)을 열쳐보니 예 돋던 해 돋았다.
아이야 만고(萬古)한 해니 후천(後天)에 와 일러라.

〈수의식〉

「창밖에 아이가 와서 오늘이 '새해요' 하거늘, 동창을 열치고 살펴보니 전부터 돋아온 같은 해가 돋았을 뿐이다. 아이야 먼 옛날부터 있어 온 해이니 무슨 다른 의미가 있겠느냐? 이후 일랑 새해가 왔음을 이르지 말고, 다음 세상에 와서나 일러라.」

이 시조는 보기에 따라서 그 뜻이 여럿일 듯하다. 어찌 보면 해가 바뀌는 줄도 모르고 세상사를 잊고 초연하게 살아가는 초월자적인 삶을 노래한 것인 듯도 하고, 달리 보면 노년에 이른 시적 화자가 세월의 무상함을 한스러워 하며 세월이 흘러 한 해가 바뀌는 그 자체를 인식하고 싶지 않은 심정을 노래한 것이라고도 할 것이다. 그런가 하면 답답한 세상살이로되 세상사에 아무런 변화가 없음을 안타까워 한 시조라고도 할 것이다.

그러나 여기서는 새해를 맞으면서도, 아무런 각성도 없이 무의미하게 세월만 보내는 세상 사람들을 질타하는 시조로 보고 싶다. 사람은 이성으로 사물을 판단할 뿐만 아니라, 더 적극적으로는 어떤 일에 스스로 의미를 부여하여 이를 실행하려는 존재라고도 할 것이다. 그 예가 '새해' 라는 개념일 것이다. 이야말로 흘러가는 시간의 흐름 속에 일정한 마디를 두고 여기에 의미를 부여한 것이 아닌가?

그런데 스스로 만들고 의미를 부여한 '새해' 며 '설날' 을 맞으면서도, 아무런 각성과 변화와 다짐이 없다면, 거기에 무슨 뜻이 있을 것인가?

우리는 아직도 IMF체제하에 있다. 수많은 실업자가 거리를 헤매고 있다. 곧 '빅딜' 과 '공무원 감축' 이 실행된다면, 다시 엄청난 실업자가 쏟아질 판이다. 이런 상황에서 우리 모두는 얼마나 각성한 모습을 보이고 있는가?

어쩌다 조금 가진자들이여! 그대들은 과연 어느 나라 졸부들인가? 해외여행이며, 외제차량이며, 밍크코트로, 어렵게 꾸어온 외화를 그렇게 꼭 탕진을 해야만 하겠는가?

1999년 2월 19일 금요일

15

저 총각(總角) 말듣거라. 소년(少年) 광경(光景) 자랑 마라.
광음(光陰)이 덧없으니 녹발(綠髮)이 즉(卽) 백발(白髮)이로다
우리도 소년(少年)을 믿다가 배운 일이 없어라.

〈김진태〉

「저 총각아! 이 말을 가벼이 듣지 말고 잘 들어라. 네 어리다고 소년의 모습을 자랑만 하지 말아라. 세월이 덧없으니, 검고 윤택하던 머리가 곧 백발이로구나. 우리도 소년 시절이 오랠 줄로만 믿었다가 배워서 이룬 일이 없노라.」

세상을 먼저 살아본 이가, 젊은이들에게 세월을 허송하지 말고 견실(堅實)하게 보내서 무엇을 이루는 삶을 살라는 당부를 하는 시조이다.

그러나 생각해 보면 일생은 그 어느 시절이든 소중하지 않은 날들이 없다. 그러나 흔히 우리는 젊은 시절을, 내일을 위한 준비의 기간으로만 생각하는 경향이 있다. 그러나 실은 우리네 인생은 예고편이 따로 없고 전주곡이 따로 없다. 인생은 이미 나면서부터 본 영화, 본 곡이 상연, 연주되고 있는 것이다. 그래서 젖먹이 시절은, 재롱을 부리고 자랄 때여서 값진 것이고, 젊은 시절은 살아갈 수단을 땀흘려 연마하는 시절이어서 소중하며, 장년은 사회와 가족을 위해서 열심히 사는 시기여서 값지며, 노

년은 늙고 병들만큼 삶을 살아왔기 때문에 값진 것이다.

성경에서는 이 세상을 "풀잎에 맺힌 이슬과 같다."고도 했다. 또 어떤 이는 "인생에서 세월을 허송하기에는 너무나 짧은 시간이지만, 무엇을 이루기에는 그래도 충분한 시간"이라고 했던가?

무엇을 이루어 이를 베푸는 삶을 살 수만 있다면, 이에 더 바랄 것이 없겠지만, 그렇지 못한 삶이라도 주어진 시절마다의 삶에 충실하고 만족해 한다면, 그것으로 값진 삶이 아닐까? 오늘은 어제 죽은 이가 그토록 애타게 소망하던 내일이다. 나에게는 그토록 소중한 내일이 오늘로 주어져 있다는 것이 감사할 일이고 값지지 아니한가?

오늘 '성년의 날'을 맞는 젊은이들아! 그대들은 또 다른 삶의 분기점을 맞았다. 지금까지의 삶이 값졌던 것처럼, 지금부터의 삶도 또 다른 충실함이 있어야 하지 않겠는가?

1999년 5월 17일 월요일

16

복(伏) 더위 훈증(薰蒸)한 날에 청계(淸溪)를 찾아가서,
옷 벗어 남게 걸고 풍입송(風入松) 노래하며,
옥수(玉水)에 일신진구(一身塵垢)를 탕척(蕩滌)함이 어떠리?

〈김수장〉

「삼복의 심한 더위가 찌는 듯이 무더운 날에 맑은 시냇물을 찾아가서, 옷을 벗어 나뭇가지에 걸어두고 '풍입송' 같은 노래를 부르며, 옥같이 맑고 시원한 물에 몸을 담그고 세속에서 더렵혀진 몸의 먼지와 때를 깨끗이 씻음이 어떠리.」

무더운 여름날에 시원한 시내를 찾아 미역을 감고 즐기기도 하면서, 깨끗한 물에 세속에서의 크고 작은 허물들까지도 말끔히 씻고자 하는 심정을 노래했다.

우리 선인들도 무더운 여름이면 산 좋고 물 맑은 계곡이나 시내며 정자(亭子)를 찾아 시문을 지어 읊조리기도 하고, 배를 띄우고 동자나 기녀들의 노래를 듣기도 하며, 개울에 발목을 담그기도 하고 혹은 미역을 감기도 하고, 낚시나 천렵(川獵)을 즐기기도 했을 것이다. 그러나 이런 더위를 식히는 일에서도 즐거움만을 좇은 것이 아니라 수신(修身)[11]을 생각했다.

11) 마음과 행실을 바르게 하도록 심신을 닦음.

오늘날과 달리 활동적이고 개방적이고 적극적이지 못했던 시절이었고 위엄(威嚴)과 체면(體面)을 중하게 여겼던 조상들이었으니, 오늘날과 같은 피서문화와의 대비는 의미가 없는 일일지도 모를 일이다.

그래서 선인들의 삶의 모습을 보면서 오늘날 우리들의 삶을 반성해 볼 일이 적지 않다. 선인들은 어떤 경우에도 '나' 를 잃지 않았으며 절제(節制)할 줄을 알았고, 항상 자신을 되돌아보는 삶을 살았다. 오늘날의 피서지의 모습을 보라. 거기에 '나' 가 있으며 '인간' 이 있는가? 오직 쾌락과 무질서, 낭비와 방종이 있을 뿐이다. 과연 우리는 지금 어떤 처지에 있는가? 이웃은 부도다 도산이다 퇴출이며 실업(失業) 등[12]으로 아우성인데도 나와는 직접 관련이 없으니, 장마 · 폭우를 아랑곳하지 않고 죽음을 무릅쓰고서라도, 피서에 나서야만 하는가? '나, 우리' 를 한번쯤 되돌아보자. 때로는 절제를 할 줄도 알자.

1998년 8월 7일 금요일

12) IMF 당시.

17

태산(泰山)이 높다하되 하늘 아래 뫼이로다.
오르고 또 오르면 못 오를 리(理) 없건마는,
사람이 제 아니 오르고 뫼만 높다 하나니.

〈양사언〉

「태산이 아무리 높고 험한 산이라 하더라도, 하늘 아래에 있는 산일뿐이로다. 그러니 그 산을 오르고 또 오르면 못 오를 리가 없건마는, 사람들이 모두들 스스로 힘써 올라보지도 아니하고, 먼저 그 산만 높다고 하더라.」

이 시조는 오늘날까지 남녀노소를 가리지 않고 잘 알려져 널리 애송(愛誦)되고 있는 작품이다.

이 작품은 등산의 원리를 들어, 이 세상의 그 어떤 어려운 일도, 사람의 일이니 힘써 노력만 하면 안 되는 일이 없음을 강조하고 있다. 그래서 눈앞의 일을 두려워만 하지 말고 도전하여 꾸준히 실행할 것을 당부하고 있다.

이 시조가 주는 교훈은 자신에게 득이 되고 사회에 이로울 일이라면, 이를 반드시 이루어 내고 말겠다는 강한 신념과 굳은 의지를 가지고, 우선 치밀하고 과학적인 계획을 세워서 이를 실천한다면 못 이룰 것이 없다는 것이다.

이는 어렵게 IMF를 극복하고 있는 우리들에게 새해를 맞아 가져야 할 마음가짐을 일깨워 주는 교훈이라 할 것이다.

그렇다! 두려워만 할 것이 아니라 성취에의 신념을 가지고 분발할 일이다. 무엇이 두려우며 무엇을 못 이룰 것인가? 우리는 무(無)에서 유(有)를 창조한 경험이 있다. 지금의 우리는 무에서 유가 아니라 유에서 유를 더 늘리자는 것이다. 그러니 두려울 것이 없다. 실천하는 자에게는 태산도 작은 산이며, 실천하지 않은 자에게는 주먹만한 돌을 드는 일도 태산 같은 일일 것이다.

내가 가진 것이 있느냐, 지혜가 있느냐, 연줄이 있느냐? 무엇으로 이룰 것인가 하고 장탄식만 하는 사람들아! 기묘년 새해가 밝았다. 핑계만 대지 말고 무능과 무력(無力)을 합리화하기만 하지 말아라.

태산에 오르려면 우선 작은 산등성이부터 넘어야 한다. 내가 할 수 있는 작은 일부터 하자. 그러면 당신은 언젠가 태산의 정상에 있을 것이다. 모두가 뜻을 모아 노력만 한다면, IMF가 문제인가? 세계 정상이 우리의 것이다.

1999년 1월 1일 금요일

18

고인(古人)도 날 못 보고 나도 고인 못 뵈.
고인을 못 뵈도 녀던 길 앞에 있네.
녀던 길 앞에 있거던 아니 녀고 어쩔고?

〈이 황〉

「옛 성현도 나를 보지 못하고 나 역시 성현을 뵈옵지 못했네. 성현들을 뵈옵지는 못해도 그분들이 행하시던 도리는 내 앞에 남아 있네. 그 행하시던 도리가 내 앞에 남아 있는데 아니 행하고 어찌할 것인가.」

도산십이곡 중 후6곡의 제3수 (12곡 중 9곡)이다. 후6곡(言學)은 학문을 닦고 심신을 수양하는 심경을 읊은 것들이다. 이 9곡에서 노래한 '길'은 옛 성현들이 닦았던 학문수양의 길을 의미하며, 그들이 이룬 학문 곧 인륜대도(人倫大道)[13]를 말함이다.

이 시조는, 옛 성현들을 직접 뵙고 가르침을 받지는 못하지만 그 훌륭한 길이 뚜렷이 남아 있으니 자신도 성현들이 행하던 학문, 수양의 길을 본받아 가겠다는 의지를 노래한 것이면서, 아울러 많은 후학들이 이 길을 본받아 행하기를 권면(勸勉)[14]한

13) 사람이 마땅히 지켜야 할 큰 도리,
14) 알아듣록 권하고 격려하여 힘쓰게 함.

시조다.

이제 매가 새를 잡아 늘어놓고, 천지가 쓸쓸해지기 시작하며, 논의 벼가 익는다는 처서(處暑)가 지나고 백로(白露)로 향하는 서퇴(暑退)의 시기이다. 나라경제야 어렵든 말든, 나와 내 가족은 빠질 수 없다며 각종 사고들마저 무릅썼던 피서전쟁도 이제 한풀 꺾이는 시기다.

이렇게 절후가 폭서(暴暑)[15] 폭우(暴雨)를 거두고 들판의 알찬 결실을 재촉하듯, 이제 우리도 들뜨기만 했던 지난 절기들을 되돌아보고 차분히 내실을 기할 때이다. 이제 발광대규(發狂大叫)[16] 를 접고 영혼을 맑고 살찌게 할 계절이다.

그 길은 성현들이 남긴 책을 읽는 것이다. 성현들이 '녀시던' 인륜대도와 지혜의 오솔길을 우리도 밟아보자. 책 속에서 성현들을 만나고, 대화를 나누자. 우리들이 남긴 발자취를 후손들도 따라 걷고 싶도록….

1997년 8월 28일 목요일

15) 매우 심한 더위.
16) 더위를 견디지 못해서 광기를 보이고 크게 고함을 지른다는 말.

자연 사랑 (自然愛)

우리 조상들은
자연을 개척 · 개발 · 파괴의 대상으로 보지 않았다.
인간의 본성을 지키고 살아가게 하는 곳으로 여겨,
자연은 곧 인간의 보금자리, 삶의 터전 이라고 여겼다.
양지바른 산자락을 의지해서 조개껍데기만한 초가를 짓고,
앞에 흐르는 맑은 개울에 발을 담그고
자연의 일부가 되어서 살았다.
그래서 인간과 자연이 조화를 이루는 삶을 살았다.

19

연천(淵泉)이 하 맑으니 가는 고기 다 보이니,
일이삼사(一二三四)를 낱낱이 헤리로다.
아이야 새 물에 고기를 다시 헤어 보아라.

〈박인로〉

「연못의 물, 샘물이 하도 맑아서 오고가는 고기가 훤히 다 보이네. 한 두 세 네 마리 하고 낱낱이 헤아릴 수도 있겠다. 물가에서 노는 저 아이들아! 맑고 깨끗한 물에 노니는 고기를 헤아려도 보려무나.」

아름다운 자연 속에서 누리는 한가로움을 노래한 시조이다.

우리 강산을 산고 수려(山高水麗)라 했던가! 이렇게 맑고 아름다운 강산에서 우리는 마음껏 즐기며 살아왔다. 이 작품에서 보듯 샘이며 못이며 개울이며 강이며, 그 어느 것도 수정 같지 않은 물이 없었다. 예전에는 더없이 맑고 깨끗했던 강물이 지금은 어떻게 되었는가? 개발 뒤에 올 폐단을 미리 대비하지 않으면서 무작정 개발만한 그 폐단이 지금은 어떻게 되었는가? 개발 우선의 근시안적인 가치관은 급기야 내수뿐만이 아니라 해수의 오염도 심각하게 만들었다. 강을 죽이고 물고기를 죽이고, 마침내 사람조차 먹을 수 없는 물이 되게 만들었다.

근래에는 뒤늦게나마 환경오염의 심각성을 인식하고 오염을 줄이기 위해 우리 정부에서도 여러 가지 법과 제도로 개선을 위한 힘을 쏟고 있기는 하다. 그 큰 정책이 녹색성장, 녹색산업이니 하는 것들이다.

그러나 우리뿐 아니라 전 세계 인류는, 무분별하게 자연을 파괴하고 환경을 오염시킴으로써, 지구 온난화를 자초하여 빙하가 녹아내리게 했고, 이상 기후를 초래함으로써 예상치 못한 자연 재해를 입는 어려움을 겪고 있다. 그래서 전 인류는 두려움에 떨면서 파멸을 염려하기에 이르렀다.

하나뿐인 지구를 인류는 지켜야 한다. 그래서 후손들이 영원히 이 지구에서 편안하게 살아갈 수 있도록 물려주어야 한다. 정부, 기업에서 탄소배출량을 줄이기 위해 화석연료를 줄이는 것만으로는 부족하다. 모든 국민이 오염의 심각성을 깊이 인식하고 물 한 방울, 종이 한 장도 소비를 줄여야 한다. 이런 자세로 자연 파괴와 환경 오염 방지에 스스로 동참하는 자세가 시급하다. 우리 모두 지구 살리기에 앞장서자.

먹고 살 물을 지켜야겠다는 원초적인 논리와, 좀 더 잘 살아야겠다는 개발논리간의 갈등의 차원이 아니다. 지구의 존망의 문제이다. 강물에 물고기가 살 수 없는 날, 이 지구는 사람이 살 수 없는 땅이 되어버리기 때문이다.

1997년 2월 1일 토요일

20

십년을 경영하여 초려(草廬) 삼간 지어내니,
나 한간 달 한간에 청풍 한간 맡겨 두고,
강산은 들일 데 없으니 둘러 두고 보리라.

〈작자미상〉[17)]

「십년을 애써 일하여 초가삼간을 지었으니, 내가 한 간 들어 살고, 달이 한 간, 맑은 바람이 한 간을 맡아 살게 하였다. 그러다보니, 더 할 수 없이 좋은 강과 산은 들여 놓을 데가 없으니 밖에라도 둘러두고 보겠다.」

십년이란 긴 세월에 걸쳐 오로지 그가 이루려 한 뜻이란 부귀공명보다 자연과 벗하며 살 수 있는 공간을 마련하는 것이었다. 이제 그 뜻을 이루었으니, 청풍명월 강산과 어울려서 살겠다는 것이다. 자연을 벗하는 은사(隱士)의 삶, 곧 안빈 낙도(安貧樂道), 자연 친화(自然親和), 물아일 체(物我一體)의 경지를 노래한 것이다.

이 시조에서 우리가 교훈으로 삼아야 할 것은, 자연을 대하는 삶의 자세라고 하겠다. 우리 조상들은 자연을 개척 · 개발 · 파

17) 이 시조의 작가는 미상이나 「면앙정잡가」에 실려 있는 것으로 보아 송순(1493 ~ 1583)으로 보는 견해도 있다.

괴의 대상으로 보지 않았다. 인간의 본성을 지키고 살아가게 하는 곳으로 여겨, 자연은 곧 인간의 보금자리, 삶의 터전이라고 여겼다. 양지바른 산자락을 의지해서 조개껍데기만한 초가를 짓고, 앞에 흐르는 맑은 개울에 발을 담그고 자연의 일부가 되어서 살았다. 그래서 인간과 자연이 조화를 이루는 삶을 살았다.

그런데 지금의 어리석은 우리들은 제 무덤을 제가 파는 행동을 하고 있다. 도시의 산자락이 야금야금 파괴되어 그 자리는 아파트단지가 되고 개울이 썩고 또 그 위에 복개가 되고 있다.

별이 없어진 지도 이미 오래고, 달이 없어지고, 청풍이 없어지고, 강산이 없어지는 세상에서도 아파트 평수 몇 평만 넓어진다면, 자연을 더욱 파괴하는 재개발도 좋아라만하니, 도대체 우리는 어디로 가고 있는 것일까?

1997년 2월 15일 토요일

21

해운대(海雲臺) 여흰 날의 대마도(對馬島) 돌아들어,
눈물 베셔고 좌우를 돌아보니 창파만리(滄波萬里)를 이 어디라 할게이고?
두어라 천심조순(天心助順)하면 사반고국(使返故國)하리라.

〈백수회〉

「해운대 이별한 날에 대마도에 끌려와서, 통한으로 흐르는 눈물 줄기를 칼로 베어서 썰고는 좌우를 돌아보니 만경창파 만리타국 여기를 어디라 할 것인고, 두어라 임금님의 뜻을 돕고 따르면 마침내 고국으로 돌아가리.」

작자는 임란 때 왜국에 포로로 잡혀가서 9 년간 억류되었다가 귀국한 문관이다. 이 시조의 '해운대'는 작자가 포로의 몸이 되어 대마도로 끌려가야만 했던 통한의 포구였던가 보다.

그러나 해운대는 천혜의 절경으로 예부터 문인 풍류객들이 즐겨 찾은 곳이었다. 천년 전의 최치원도 해운대를 찾아 승경(勝景)[18]을 예찬했고, 그 후 많은 선비들이 찬탄의 글을 남겼다. 그런데도 시조 작품으로는 해운대를 노래한 것은 물론, 바다를

18) 뛰어난 경치.

노래한 것으로는 이 한 수가 보일 뿐이다.[19)]

지금 부산은 해운대를 내세우며 바다축제 PR에 열심이다. 그러나 오늘날의 우리는 조선 8경의 하나였던 명승지 해운대를 어떤 지경으로 만들어 놓았는가? 위정자들의 단견과 시민들의 몰이해는 결국 해운대를, 찾고 싶고 쉬고 싶은 곳이 아니라, 번잡한 유흥가로 전락시키고 말았다. 물이 맑은가? 숲이 있는가? 산이 수려한가? 쉴 곳이나 즐길 곳이 있는가? 교통이 편리한가?

관광 레저산업은 굴뚝 없는 부국 산업이다. 미국의 마이애미 와이키키, 프랑스의 생트로페, 모나코의 몽테카를로 해변들은 손님을 불러 모으려고 PR을 하지 않아도 몰려드는 세계적인 휴양지이다.

오늘날의 우리도 승경(勝景)을 찬탄하는 글을 후손들에게 남길 그런 방도는 없는 것일까!

1997년 7월 31일 목요일

19) 심재완 '역대시조전서'에 실린 3천여 수 중, 바다를 읊은 것은 이 시조뿐임.

22

산이 하 높으니 두견이 낮에 울고,
물이 하 맑으니 고기를 혜리로다.
백운(白雲)이 내 벗이라 오락가락 하는구나.

〈작자미상〉

「산이 하도 높고 깊어 그 고요함과 호젓함에 두견새도 시간 감각을 잃고 대낮에 울어대는 산마을, 물이 하도 맑고 투명해서 바닥에 노는 물고기를 셀 수 있는 시냇가에서, 다만 푸른 하늘에 둥실둥실 떠 있는 흰 구름을 벗하며 살아가노라.」

우리 선인들의 자연 친화(自然親和)적인 삶의 모습을 보인 시조이다. 선인들은 자연을 개척과 개발의 대상으로 여기지 아니하고 자연과 조화를 이룬 삶을 살았다.

그들은 산을 허물고 빌딩을 짓고 공장을 세우고 살지 않았다. 다만 산기슭에 시내를 두르고 조가비만한 초가를 짓고는 부족함을 모르고 여유롭게 살았다. 책이 있고 거문고가 있고 강산풍월만 있으면 족하니 더 가질 것이 없었다. 인간의 본성을 지키고 살 뿐, 탐함이 없었다. 부족함을 모르니 구함이 없었고, 구함이 없었으니 꾸어 올 일도 없었고, 꾸어 온 일이 없었으니 갚을 걱정, 파산할 걱정도 없었다. 마음이 족하니 항상 즐거움이 있을 따름이었다. 각박하게 살아가는 우리들은 서구적 개발만 뒤

쫓다가 두견새 소리를 잊은 지 오래고, 산과 물을 잃고 달과 별을 잊은 지 오래다. 따라서 인간의 본성마저 잃고 말았다. 과연 지금 우리의 개발과 성장과 풍요만을 추구하는 삶이 더 생각할 여지도 없이 옳은 일일까? 과연 우리의 삶의 질은 나아졌는가?

어쩌면 우리가 현재 겪고 있는 시련[20]은 잘못된 가치관과 삶의 방향에 대한 절대자의 경종일지도 모를 일이다. 생각을 고쳐먹고 이쯤 해서 족한 줄 알고, 잃어버린 인간의 본성을 되찾고 자연과 조화를 이루면서 살아가라는 초월자의 깨우침은 아닐까?

한가로운 소리가 아니라, 우리의 삶을 반추해볼 심각한 일이다.

1997년 12월 25일 목요일

20) IMF로 인한 국가적 위기.(지금 2009년의 경제 위기도 이에 다름이 아니다)

23

두류산(頭流山) 양단수(兩端水)를 예 듣고 이제 보니,
도화(桃花) 뜬 맑은 물에 산영(山影)조차 잠겼에라!
아희야 무릉(武陵)이 어디뇨 나는 옌가 하노라.

〈조 식〉

「지리산의 양단수가 절경이라는 말을 옛날에 들어 알면서도 와서 보지 못하다가 이제서야 와서 보니, 과연 명승지로구나. 봉숭아 꽃잎이 둥둥 떠내려 오는 맑은 물에는 기묘한 산의 그림자까지도 어울려 잠겼구나. 예야 무릉도원이 어디라고 하더냐? 내 생각으로는 바로 여기가 무릉도원인가 하노라.」

관직에의 부름을 마다하고 두류산(지리산의 다른 이름) 덕소동에 살면서 학문과 후진 양성에 전념했던 조식[호 南冥(남명):1501~1572] 작(作)이다. 지은이는 이 곳 지리산 양단수를 무릉도원(武陵桃源)에 비유하고 있다. 그러면서 은연중 자신이 이런 무릉도원 같은 승경에서 신선같이 살아감을 흡족해 하고 있다. 일찍이 고려의 이인로(李仁老)도 이 지리산에서 무릉도원을 찾고자 한 바가 있다. 이렇게 무릉도원은 동양인, 특히 우리 선인들이 동경했던 이상향이었다.

그렇다면 도연명이 도화원기(桃花源記)에서 그린 무릉도원(武陵桃源)은 과연 어떤 곳인가? 그곳은 오직 자연과 더불어 살고 손수 농사하고 길쌈하여 이웃과 더불어 순박한 인정을 나누며

서로가 기쁜 마음으로 안락을 누리고 살 뿐, 정치도 세금도 전쟁도 역사의 변천도 없는 곳, 모든 인간적인 꾀나 농간은 물론 인간적인 지혜의 산물과도 동떨어져 사는 봉숭아꽃 만발한 선경(仙境)이다. 사람이 사는 곳이다.

금년은 봄의 모습이 예년에 비해 유난히도 아름답다고 말하는 이가 많은 듯하다. 날씨가 유난히 따듯하고, 때맞추어 내린 비의 탓도 있을 것이다. 단지 이뿐일까? 우리가 겪는 이 IMF 시대는 우리에게서 모든 것을 앗아가기만 하는 것은 아닌 듯도 하다. 돈만 보이던 우리의 눈과 마음을 꽃과 새싹도 볼 수 있는 눈과 마음으로 다소나마 되돌려 주었기 때문은 아닐까?

1998년 4월 10일 금요일

24

적동(笛童)을 앞에 세우고 풍악(楓嶽)을 찾아오니,
신선(神仙)은 어디 가고 학소(鶴巢)만 남았는가?
아무나 적송자(赤松子) 만나든 날 왔더라 일러라.

<낭원군>

「피리 부는 선동을 앞에 세우고 가을 깊은 금강산을 찾아오니, 선경에 사는 신선은 어디가고 그들이 타던 학의 집만 남았는고, 아무나 신농씨 적부터 살아왔다는 신선 적송자를 보거든 내가 그를 만나러 금강산에 왔다고나 일러라.」

이 시조는 아름다운 명산 금강산을 찾으면서 신선이 된 듯한 흥겨운 기분을 노래했다.

우리 선인들은 풍류를 즐겼다. 명산 호수 강을 찾았고, 대찰(大刹) 정자(亭子)를 찾는 등 명승지를 찾아 이를 즐기고 시문(詩文)을 짓고 읊조려 풍류를 즐겼다. 벼슬하는 이나 물러난 이나 벼슬하지 못한 선비들도 팔도를 돌며 유람하기를 좋아했다.

그 중 특히 금강산은 천하제일의 명산으로 그 명성이 높았고, 조선 사람이면 누구나 동경의 대상이었고, 마음의 고향이었다. 그래서 글줄이나 하는 선비는 금강산을 찾았고, 금강산을 찾은 이는 그 감회를 시문으로 남겨왔다.

곧 금강산 유람이 시작될 모양이다.[21] 여하튼 교류의 물꼬를 튼다는 면에서는 반길 일이다. 그러나 아쉬움이 없는 것은 아니다. 내 나라 내 땅이건만 선인들이 찾았던 것처럼 육로로 도보나 마필이나 차량으로, 누구나 부담 없이 찾을 수 있는 것이 아니라 거금(巨金)을 내고 호화 유람선을 타고 바다에서 잠을 자면서 많은 입장료를 물고는 북측의 안내를 받으면서 허락된 코스를 둘러보게 되나보다. 북측에 고향을 둔 이들은 그래도 죽기 전에 북쪽 땅을 밟기만이라도 해보려고는 할 것이다. 그러나 이 어려운 시기에 그 많은 경비를 감수해 가면서 얼마나 많은 사람들이 유람선을 탈 것인 지가 염려스럽다. 누구나 금강산을 쉽게 찾을 수 있는 통일된 날이 빨리 오기를 기대해 본다.

1998년 9월 18일 금요일

21) 1998년에 금강산 관광이 시작되었고, 해로로 가던 길이 육로로 갈수 있게도 되었으며, 바다에 정박된 배에서만 머물던 관광객들이 육지의 호텔에서도 숙박을 하게도 되었다. 불편하고 제약이 많고 많은 여행비 부담으로 인해 예상보다 관광객이 줄자, 국정원 등이 관광객을 일정 수 차출하여 나라 돈으로 관광을 시키면서 북한과 협약한 관광비를 채워서 달러로 지불해왔다. 그러다 2008년에 관광객 여성 1명이 북한군에 사살됨으로써 관광이 중단된 상태에 있다.

25

말없는 청산(靑山)이요 태(態)없는 유수(流水)로다.
값없는 청풍(淸風)이요 임자 없는 명월(明月)이라.
이 중(中)에 병(病)없는 이 몸이 분별(分別)없이 늙으리라.

〈성 혼〉

「푸른 산은 아무 말이 없고, 흐르는 물은 아무 모양이 없다. 맑은 바람은 값이 없으며, 밝은 달도 임자가 없으니 만인의 것이라. 이렇게 좋은 자연 속에서 아무 병 없는 나의 몸도 걱정 없이 늙어 가리라.」

성혼(1535-1598)은 성리학자이다. 이 시조도 이(理)와 기(氣)의 원리를 노래했음직도 하다. 청산이 기(氣)라면 유수는 리(理)일까? 청풍과 명월로는 사단칠정(四端七情)[22]을 설명하고, 병없고 분별없음은 이기(理氣)의 조화를 뜻하는 것일까?

성리학자들은 자연의 본성에서 인간의 성정(性情)을 찾고자 했다. 청산처럼 물처럼 바람처럼 달처럼 살고자 했다. 남을 모함하고 시비를 일삼지 않는 삶, 아무 것에도 얽매이지 않는 삶 속에서 다툼 없이 만민에게 고루 베풀어지는 자연의 무한한 가

22) '맹자'에서 유래하는 말로 인(仁), 의(義), 예(禮), 지(智)에서 우러나는 측은(惻隱), 수오(羞惡), 사양(辭讓), 시비(是非)의 네 가지 마음씨와 사람의 일곱가지 감정 희(喜), 노(怒), 애(哀), 락(樂), 애(愛), 오(惡), 욕(欲)을 말함이다.

치를 누리면서, 다만 살아 있는 동안에는 심신의 건강을 지니면서, 자연과 일체가 되어, 세속적인 근심을 모르고 늙어 가고자 했다.

우리 선인들은 자연을 스승으로 삼고, 자연의 가르침에 따라, 자연의 일부가 되어, 자연과의 조화 속에서 살고자 했다.

그저께는 '지구의 날' 이다. 지구의 나이 4백60억 년, 인간이 지구에 산 지 2백만 년, 자연을 파괴해 온 서구의 산업혁명이 겨우 200여 년, 지구의 날을 제정한지 29 년.[23] 지금 인류는 얼마나 이 땅에 살아남을 수 있을 것이며, 지구는 얼마나 버틸 것인가? 파멸의 조짐은 도처에서 넘치고 있다. 어느 동식물이 스스로 제 종족의 번식을 억제하는 것이 있는가? 다만 인간이 그러할 뿐이다. 14m 위에서 떨어지는 사과는 지구를 원자핵의 지름만큼 자기 쪽으로 당겨간다고 한다. 로켓의 발사와 회수(回收)는 지구의 공전 · 자전 궤도를 수정해 놓지는 않을까? 지구의 지붕이라 하는 히말라야나 남북극의 만년설이 급속도로 녹아간다. 해마다 더 심각해져 가는 기상이변과 재해는 어디에서 오는가?

경제, 재화창출만이 소중한 문제가 아니다. 이제 인간들은 늦은 감이 있긴 하지만, 지금부터라도 교만과 방심과 향락을 자제하고, 지구의 침몰을 생각할 때이다. 자연과의 조화를 다시 찾을 때이다.

1999년 4월 26일 월요일

23) 2010년에는 40 주년이 됨.

경 (敬)

인정이 메마르고 각박한 세상,
희생을 모르고 내 인생만 생각하는 극심한
개인주의 세태 속에서 요즈음 노부모님들은
설자리, 의지할 곳이 없다.
부모님을 공경하던 미풍양속은 어디로 가고
노부모는 천덕꾸러기가 되었다.
부모 모시기를 소홀히 하면서,
절과 교회를 찾는 사람아!
'산 부처님, 하느님' 이 네 집에 계신다.
천리(天理)가 없다 하더라도 '부모님' 마음을
아프게 한 죄가 누구에게 갈 것이며,
부모님 대소변을
기쁘게 만지고 씻겨드린 공덕이
누구에게 가겠느냐?

26

팔목 쥐시거든 두 손으로 받치리라.
나갈 데 계시거든 막대 들고 좇으리라.
향음주(鄕飮酒) 다 파한 후에 모셔 가려 하노라.

〈정 철〉

「송강의 '훈민가' 중 장유유서(長幼有序)를 읊은 것으로, 경로사상을 가르친 시조이다. 어른이 거동하시면서 나의 팔목을 잡으시면 나는 그 손을 두 손으로 받들어 잡으리라. 나들이를 하시려고 밖으로 나가실 때에는 지팡이를 들고 따르면서 모시리라. 향음주가 다 끝난 뒤에는 예를 다해 평안히 모셔 가려 하노라.」

어른을 공경하고 모시는 자세를 관념(觀念)으로 강권하기보다는 구체적인 묘사의 방법으로 형상화하고 있다. 자식된 자와 젊은이들이 가져야 할 도리가 명료하게 제시되어 있다.

지금은 노령화 사회가 급하게 다가오고 있는 시대이다. 노인들은 늘어나되 젊은이들은 점점 더 사는 일에 내몰리는 시대이다. 핵가족 사회가 되고, 부모를 모시지 않는 것이 당연시되는 시대가 되었다. 노령화 시대를 대비한다고, 노인복지를 늘인다고 노인복지시설이며 노인요양병원이 늘어나고 있기는 하다. 좋은 일이다. 그런데 노모를 모시기가 싫어서 멀쩡한 노인을 강제로 요양병원에 입원시켜버렸다는 등등의 보도들은 세상을 더욱 삭막하게 한다.

이 시조의 가르침에서 오늘날을 살아가는 우리들도 부모님과 어른을 공경하는 태도를 배울 일이다. 행여 잘 사는 자식들은 사업이 바쁘다는 핑계로, 물질적으로는 잘 모신다는 핑계로, 그리고 못 사는 자식들은 어렵다는 핑계로, 여건이 안 된다는 핑계로 견마지양(犬馬之養)[24)]하고 있지는 않은가?

큰 것을 바라하시는 것이 아니다. 검소한 음식과 옷가지로 모셔도 정성(마음)이 담긴 공경이 있다면 어른들은 행복해 하신다. 마음(사랑)이 담기지 않은 산해진미, 고대광실은 오히려 부모님들께 소외감과 박탈감을 드릴 뿐이다. 마음속에서 우러나온 따뜻한 부축, 그것이 어른과 부모님께 진정으로 필요한 공경이고 효도이다.

오늘날의 우리는 하나 둘 뿐인 자녀들에게는 도가 넘을 정도로 사랑을 퍼붓는다. 이에 반해 우리는 얼마나 어른과 부모를 공경하는가?

자녀도 사랑하자. 그리고 그 마음의 몇 분의 일만큼이라도 어른과 부모님을 공경하자. 가정이 태평하고 자녀가 사람이 될 것이다.

1997년 4월 19일 토요일

24) 개나 말을 먹여서 기른다는 말로서, 부모를 사랑이 없이 법으로만 섬기는 일을 뜻한다.

27

천세(千歲)를 누리소서 만세(萬歲)를 누리소서.
무쇠기둥에 꽃 피어 여름이 열어 따드리도록 누리소서.
그밖에 억만세(億萬歲) 외에 또 만세를 누리소서.

〈작자미상〉

「천년의 수(壽)를 누리시옵소서. 만년의 수를 누리시옵소서. 무쇠기둥에 꽃이 피어서 그 열매를 따 들일 때까지 오래오래 사시옵소서. 이같이 긴 세월 외에 또 억만년을 사시고 그 위에 만년을 더 사시옵소서.」

일명 헌수가(獻壽歌)라 이르며, 부모님과 임금님 등 웃어른의 만수무강을 비는 시조이다. 장수를 간구하는 절절한 심정은 무쇠기둥에 꽃이 피고, 열매를 맺어 따 들이도록, 임이 오래오래 사시기를 축수하고 있다. 이렇게 우리 조상들은 부모님이나 웃어른 받들기를 지성으로 하였다.

이런 정성은 지금도 우리들의 가슴에 작게나마 이어가고 있는 아름다운 마음이라 할 것이다. 음력 팔월은 조상을 섬기고 부모님을 공경하는 계절이라 할만하다. 추석을 앞두고 조상님들의 산소를 돌보려는 성묘객들이 차량으로 도로는 만원이다. 곧 추석연휴 기간에는 조상님들을 섬기고 부모님을 찾아뵙기 위한 민족대이동이 있을 것이다. 아름다운 우리들만의 미풍양

속이다.

그런데 이런 아름다운풍속의 계승에도 불구하고 또 다른 생각을 하게 함은 지나친 트집일까? 지금 우리들이 행하는 조상과 부모 섬기기가 이제 나도 밥은 먹게 되었으니 조상님들도 찾고 부모님들도 섬겨야지 하는 순수한 심정의 발로라면, 아름다운 일이라 할 것이다. 그러나 행여 나도 이만큼 산다는 것을 주위에 과시라도 하기 위한 섬김(?)이라면 여기에 무슨 의미가 있을까?

견마지양(犬馬之養)이라는 말이 있다. 평상시 우리는 얼마나 정성을 다해 부모님들을 섬기고 있는지도 되돌아 볼 때이다.

1997년 9월 11일 목요일

28

뉘라서 까마귀를 검고 흉(凶)타 하였던고?
반포(反哺) 보은(報恩)이 긔 아니 아름다운가.
사람이 저 새만 못함을 못내 슬퍼하노라.

〈박효관〉

「어느 누가 까마귀를 검고 흉하다고 하더란 말인가. 반포보은 하는 것이 그 얼마나 아름다운가. 사람이 저 까마귀만도 못함을 못내 슬퍼하노라.」

예로부터 까마귀는 그 검은 빛깔이나 먹이를 먹는 습성으로 인해서인지 흉조라 하여 가까이 하기를 꺼려 왔다. 그러나 까마귀는 반포보은의 갸륵한 습성(習性)을 가지고 있는 새이다. 까마귀는 자라면서 먹이를 물어다가 혹은 입에 있는 먹이를 씹어 내어 늙은 어미 새를 먹이는 습성이 있다. 그래서 까마귀를 반포조(反哺鳥)라고 한다.

초, 중장에서는 억양법을 구사하여, 사람이 꺼리는 외모와는 달리 내적으로 효행(孝行) 미질(美質)이 있음을 찬양했고, 중, 종장에서는 비교법을 써서 인간의 불효를 탓하고 있다. 곧 작자는 미물인 까마귀도 자라면 어미를 공양하여 부모의 공에 보답할 줄을 아는데, 오히려 사람들은 그렇지 못함을 한탄하며, 인간들의 효심을 일깨워 주고 있다.

이 글(국제신문에 '고시조 감상'이란 제호로 연재하던 글)의 필자인 저는 며칠 전에 어머니를 여읜 죄인입니다. 이 시조가 까마귀보다 못한 세상 사람들의 불효를 질타하고 있다면, 바로 그 꾸짖음의 대상이 본 필자임을 절감합니다.[25] 그래서 이 짧은 난으로나마 어머님께 용서를 구하고 명복을 빕니다. 병환 중에 계시긴 하셨지만 그렇게 쉽게 저희들 곁을 떠나시리라는 생각을 못하다가 창졸간에 어머니를 여의고 보니, 크고 작은 천만사가 후회와 죄스러움으로 가슴을 저밉니다. 잘못 한 일, 다 못한 도리를 어찌 다 나열할 수 있으리오.

팔순을 넘기시기까지 오직 일생을 자식과 남편을 위해 고생과 걱정으로 살아오신 어머니, 당신께서는 저희 자식들에게 근면, 절약, 검소, 희생, 정직, 성실, 신의, 우애, 따뜻한 정과 온유를 몸소 실천하심으로써 가르쳐 주셨습니다. 이런 어머님께 저희 자식들은 한 일이 없습니다.

어머님 죄송합니다. 못 다한 도리를 아버님께 더해 올리면서, 어머님의 귀하신 가르침을 받들면서 살겠습니다. 존경하옵고 사랑하는 어머니 감사합니다.

하느님 곁에서 편히 쉬십시오.

1998년 12월 18일 금요일

25) 1998년 12월 13일 춘추가 여든셋이셨던 어머니를 여의었음.(상중이었으나 약속된 난이므로 어쩔 수 없이 이 원고를 썼음)

29

왕상(王祥)의 잉어 잡고, 맹종(孟宗)의 죽순(竹筍) 꺾어,
검던 머리 희도록 노래자(老萊子)의 옷을 입고,
일생(一生)에 양지성효(養志誠孝)를 증자(曾子)같이 하리이다.

〈박인로〉

「왕상이 겨울에 잉어를 얻어 어머니 병을 고쳤고, 맹종이 겨울에 죽순을 얻어 어머니를 기쁘게 했고, 노래자가 칠순의 나이에도 때때옷을 입고 재롱을 부려 어버이를 즐겁게 했으며, 또 증자가 어버이를 잘 봉양하여 지극한 효성을 다했듯이, 나도 그들에 못지않은 효도를 다 하리라.」

효도를 가르친 시조이다. 효도는 모든 덕의 근본이 되기 때문에 덕이 높고, 훌륭한 일을 한 사람들은 고금을 막론하고 모두 효자였다는 사실은 우연이 아니다.

왕상은 중국 진(晉)의 효자인데, 계모가 병을 얻어 잉어를 구하므로 겨울에 옷을 벗고 얼음을 깨려고 하니, 얼음이 녹아 잉어 한 쌍을 얻었다고 전하며, 맹종은 오(吳)의 효자로, 늙은 어머니가 겨울에 죽순을 찾으므로, 대숲에 가서 슬피 탄식을 하니 죽순이 솟았다고 하며, 옛 중국의 효자 노래자는 칠순의 나이에도 때때옷을 입고 부모님 앞에서 재롱을 부려 즐겁게 해 드렸다고 전하며, 증자도 어버이의 뜻을 잘 받들어 봉양하고 지극정성

으로 효도를 다했다고 한다. 이런 효성을 본받자는 것이다.

지성으로 하늘을 감동(至誠感天)시킨 고인(古人)들의 효성에 고개가 숙여지고, 자식의 도리를 다하지 못하는 죄스러움을 되새기게 하는 시조이다. 지금 우리는 어려운 시기[26]를 겪고 있다. 세상살이가 힘들수록 이 핑계 저 핑계로 부모님 공양에 소홀하기가 쉽다. 올해는 '세계 노인의 해' [27]이다. 물질로써가 아니라 사랑으로 공경할 일이다.

'75세 노인이 쓴 산상수훈[28]' 이란 시구를 보자. '……기분 좋은 얼굴로 찾아와 / 잠시 잡담을 나눠준 자에게 복이 있나니 / 나더러 그 얘긴 오늘만도 두 번이나 하는 것이라고 / 핀잔주지 않는 자에게 복이 있나니/ ……/ 내가 아직 살아있을 수 있도록 / 나를 보살펴 주는 내 가족들 모두에게 복이 있나니 / 하늘나라가 그들의 것이니라.'

1999년 3월 19일 금요일

26) IMF 중임.
27) 1999년.
28) 예수가 산에서 제자들을 가르친 가르침으로 마태복음 5장 1절~12절을 말함 '산상설교' 라고도 함. 여기서는 복음의 형식만 차용했음.

30

바릿밥 남 주시고 잡숫느니 찬 것이며,
두둑이 다 입히고 겨울이라 엷은 옷을,
솜치마 좋다시더니 보공(補空)되고 말아라.

〈정인보〉

「놋그릇에 담아 오신 더운밥은 이 자식 저 자식의 밥그릇에 다 덜어놓으시고, 당신께서는 찬밥이나 숭늉 솥의 누룽지만 드셨습니다. 겨울이면 이 아들 저 딸이 추울세라 솜 놓아 입히시고 껴입히시면서도, 정작 당신께서는 홑적삼 홑치마에 맨 허리가 드러나셨습니다. 어쩌다 솜치마 한 벌 있는 것도 아끼시느라고 입어 보지도 못하시더니, 돌아가시고 난 뒤에 관을 채우는 것에나 쓰이고 말았습니다.」

이 시조는 정인보가 지은 자모사(慈母思) 40 수 중 12 번째 수이다. 자식들을 위해 먹을 것, 입을 것을 모두 희생하신 어머니의 숭고한 자식 사랑이 잘 나타나 있으며, 어머니에 대한 사랑이 진한 그리움으로 배어 있다.

자식들은 올챙이배가 되어 있어도, 주린 어머니 밥을 빼앗아 먹었고, 저는 껴입고서도 어머니가 추운 줄을 몰랐던 시절에는 그 사랑을 몰랐더니, 당신께서 아끼시던 솜치마를 관속에 채워 넣을 때에야 자식들 가슴에 저려 오는 어머니의 사랑을 알았습니다.

부모님의 사랑은 예나 지금이나 다를 바가 없다. 부모님의 은혜에는 경중(輕重)이 있을 수 없다. 그러나 오늘날 자녀들의 부모 공경은 과연 어떠한가? 깨치고 고쳐야 할 점이 너무나 많다.

예부터 '부모의 자식 사랑은 하늘이 내린 것이요, 자식의 부모 공경은 가르쳐야 안다' 고 하였다.

옛 선인들은 효(孝)를 제일의 가치로 여겨 이를 가르치고 장려하였다. 그러나 지금은 효를 가르치는 곳이 없다. 가정, 학교, 종교에서도 가르침이 미미하고, TV에서도 성(性 · sex)은 가르쳐도 효도를 가르치지는 않는다.

그러니 사람이되 사람이 안 되고, 사람이 안 되니, 근본이 흔들리고, 근본이 흔들리니, 매사가 되는 것이 없는 것이다. 효를 알고서야 사람이 되고, 사람이 되고서야 나라가 되는 법.

손자가 할아버지보다 더 우대받는 세상에서, 하루의 '어버이날' 생색이 무슨 뜻이 있으리오?

1999년 5월 10일 월요일

31

어버이 날 낳으셔 어질고자 길러 내니,
이 두 분 아니시면 내 몸 나서 어질소냐?
아마도 지극한 은덕(恩德)을 못내 갚아 하노라.

〈낭원군〉

「부모님께서 소중하게 나를 낳아 주시고, 갖은 어려움을 겪으시면서도 착하고 유능하게 길러 내셨으니, 이 두 분이 계시지 않으셨더라면 어찌 '나' 라는 존재가 이 세상에서 살아갈 수 있을 것이며, 보람된 삶을 누릴 수 있었을 것인가? 아무리 해도, 이 더없이 극진한 은혜와 은덕을 다 갚지 못함을 안타까워하노라.」

고시조에는 효(孝)를 가르치는 작품들이 많다. 장자(莊子)는 "효도는 모든 행함의 시작이요 끝(孝者行之始 行之終也)"이라고 했고, 중국 고서 백호통(白虎通)에서는 "효는 도의 아름다움이요, 백행의 근본(孝, 道之美, 百行之本也)"이라 했다. 그만큼 효는 우리 조상들의 삶에서 가장 큰 비중을 차지하는 덕목이며 절대적인 가치였다. 그래서 효라는 도덕적 덕목이 능히 시조의 글감이 될 수 있었다.

오늘날을 살아가는 우리들의 가슴에는 얼마만큼의 비중으로 효라는 덕목이 채워져 있을까? 사업상 바쁘다는 핑계로, 아내가 알아서 할 것이라는 핑계로 소홀하다 보니, 어느덧 힘 없고, 초라하고, 정신 없고, 돈 없는, 당신의 부모보다는 젊고, 힘 있고, 돈 있는 당신이 더 큰 어른이 되어 있지는 않은가? 아니 당신보다 당신을 부리는 당신의 아내가 더 큰 어른이 되어 있지는 않은가? 어쩌면 당신의 하나뿐인 아들이, 딸이 더 큰 상전이 되어 있지는 않은지?

오늘은 '어버이 날' 이다. 노인들이 아들을 며느리에게 빼앗겨 버렸다고 느껴지는 박탈감, 딸을 시가에 빼앗겨버린 듯한 서운함과 소외감, 재산을 자식에게 놓아 버린 데서 오는 위축감, 모멸감을 조금이나마 채워드리자.

1997년 5월 8일 목요일

32

어버이 자식(子息) 사이 하늘 삼긴 지친(至親)이라.
부모 곧 아니면 이 몸이 있을소냐?
오조(烏鳥)도 반포(反哺)를 하니 부모효도 하여라.

〈김상용〉

「어버이와 자식의 사이는 하늘이 만든 지극히 가까운 살붙이이라. 부모님께서 계시지 않으셨다면 어찌 이 몸이 세상에 태어나서 자랄 수가 있었을까? 까마귀도 어미에게 보은을 한다고 하니, 사람된 자로서는 마땅히 부모님께 효도를 다하여라.」

김상용의 오륜가(五倫歌) 중 한 수로, 효를 가르친 것이다. 자손들의 계행(戒行)[29]과 교훈을 위하여 지은 것이다. 우리 선인들에게는 이 효가 삶의 전부요, 절대적인 가치였다. 부모에게 불효하면 마을에서 사람으로 대접을 받지 못하였고 동네매를 맞았다. 부모에게 불효하면 벼슬길에 나갈 수도 없었고, 벼슬 중이라도 불효함이 드러나면 물러나야만 했다. 뿐만 아니라 아무리 고관대작이라도 부모님이 연만하시거나 병약하시면 그 직에서 물러나 부모를 공양했다.

아침 문안으로 하루를 시작하고, 저녁 문안으로 하루를 마쳤

29) 불교에서, 계율을 지켜 닦는 일을 이르는 말이나 여기서는 행실을 경계한다는 뜻임.

다. 하루의 삶이 부모님을 기쁘게 해드리기 위한 삶이었고, 일생이 부모님의 이름을 현저히 드러내기 위한 삶이었다. 세상은 평온하고 정이 있었고, 사람마다 가슴에는 인간이 있었다.

오늘은 '어버이날' 이다. 어버이를 위해서 일생을 살던 우리 겨레가, 어쩌다가 '효도를 모르는 서양인' 들이 단 하루만이라도 어머니의 공을 알자고 만든 '어머니 날' 을 모방 해야만 했을까?

그렇다. 우리는 이제 서양 사람들처럼 단 하루라도 부모님을 공경해 모시지도 못하는 무리로 전락해 버렸는지도 모른다. 효도라고 하는 마음도 1회용 종이컵의 심정이 아닌지 염려스럽다.

효도는 겉치레가 아니요, 꾸밈이 아니다. 내키면 뽑아 먹는 자판기가 아니다. 그것은 마음이요, 삶이요, 도리이다.

1998년 5월 8일 금요일

33

정성(精誠)으로 노를 꼬아 벽공(碧空)에 치부비어,
요지일월(瑤池月日)을 굽이굽이 매어 두고,
부모(父母)님 천만세(千萬歲) 전(前)이야 놓을 줄이 있으랴.

〈작자미상〉

「지극한 정성으로 줄을 꼬아 푸른 하늘로 치비비어 올려서 하늘에 있는 해와 달이, 뜨고 지지 못하도록 굽이굽이 동여매어 두고서는, 부모님께서 천년 만년을 사시기 전에야 그 줄을 놓을 리가 있겠는가.」

비할 데 없이 귀하고 소중한 우리 부모님을 점점 더 늙고 병들어 돌아가시게 할, 무심한 세월이 흘러가지 못하도록 해와 달을 묶어 둘 끈을 만들어 세월을 꽁꽁 묶어 두고 싶은 심정을 노래했다.

우리 선인들은 일구월심 지극 정성 부모님 공경이 일이었고, 그것이 곧 삶이었다. 부모님 공경에는 네 집, 내 집, 이 집, 저 집 차이가 없었다. 물론 가산의 정도에 따라 윤택하게 모시는 데는 차가 있었고, 또한 출중한 효자 효부가 없었던 것은 아니지만, 어느 누구나 부모님 모시는 정성에는 차이가 없었다. 제 부모를 잘 모시고 못 모시는 일은 이미 이웃이 먼저 알고 동네가 먼저 알았다. 부모 공경에 조금이라도 소홀하면 이웃과 마을에서 사람으로 대접을 하지 않아 섞여 살지를 못했고, 심하면 '동네매' 를 맞았다. 뿐만 아니라 조정에 나아가 중책을 맡아 벼슬하던 이도 부모님이 노약하면 물러나 부모를 공양했다.

흐르는 세월을 잡아서라도 부모님을 오래도록 모시고 싶은 천륜이야, 예나 지금이나 다를 리 없으련만 인정이 메마르고 각박한 세상, 희생을 모르고 내 인생만 생각하는 극심한 개인주의 세태 속에서 요즈음 노부모님들은 설자리, 의지할 곳이 없다. 부모님을 공경하던 미풍양속은 어디로 가고 노부모는 천덕꾸러기가 되었다.

부모 모시기를 소홀히 하면서, 절과 교회를 찾는 사람아!

'산 부처님, 하느님' 이 네 집에 계신다. 천리(天理)가 없다 하더라도 '부모님' 마음을 아프게 한 죄가 누구에게 갈 것이며, 부모님 대소변을 기쁘게 만지고 씻겨드린 공덕이 누구에게 가겠느냐?

1998년 7월 31일 금요일

34

창옥병(蒼玉屛) 깊은 골의 묘문(墓門)이 엄숙(嚴肅)하니,
삼현동림(三賢同臨)이 만고(萬古)에 빛나도다.
석양(夕陽)의 만학후생(晩學後生)이 불승경앙(不勝景仰)하여라.

〈작자미상〉

「숲이 병풍처럼 둘러선 깊은 골짜기에 있는, 신위를 모신 묘당의 문이 엄숙하니, 이 묘당에 모신 삼현 스승의 신위가 오랜 세월에 빛나도다. 이제 저도 나이가 들어서 삶을 마감해가는 몸이지만, 늦게야 배운 이 후배는 스승님의 덕을 사모해 우러름을 이기지 못합니다.」

옛 우리 조상들은 몸을 주신 부모와 깨침을 주신 스승과, 이 모두를 가능하게 한 임금을 같이 받들었다. 그래서 군사부일체(君師父一體)라 했다.

스승 받들기를 조상과 같이 하여, 흠모하는 스승의 신위를 묘당에 모시고 예로써 제를 올리고 스승의 가르침을 일깨워 되새겼다. 뿐만 아니라 스승의 가르침을 일생의 지표로 삼았고, 학문과 처신에 소홀함이 없도록 하여, 스승의 덕과 명예에 누가 되지 않으려 했다. 그리고 훌륭한 스승의 제자 됨을 영광으로 알았고, 학문과 덕을 닦아 학맥을 잇(連)고 흥(興)하게 하는 것

을 사명으로 여겼다.

오늘은 '스승의 날' 이다.

교육의 대중화로 '선생님' 도 많다. 또한 훌륭한 선생님도 많다. 그러나 선생님들께서는 오늘, 그저 의례적인 인사나 받는 그런 선생님이 아니라, 나는 얼마나 많은 제자들의 가슴에서 오래도록 지워지지 않을 스승일까? 과연 몇 명의 제자가 나의 제자 됨을 자랑스러워 할 것인가를 되새기는 날이 되어야 하지 않을까?

'제자된 자' 들은 그분의 따뜻한 미소가 있었기에, 한 마디의 따끔한 충고가 있었기에 오늘의 내가 있음을 감사할 줄 알고, 그 크신 가르침을 다시 한번 되새기고 명심하는 날이 되어야 하지 않을까!

1997년 5월 15일 목요일

35

만수산(萬壽山) 만수봉(萬壽峰)에 만수정(萬壽井)이 있더이다.
그 물로 빚은 술을 만수주(萬壽酒)라 하더이다.
진실로 이 잔(盞) 곧 잡수시면 만수무강(萬壽無疆)하오리다.

〈작자미상〉

「만년의 수(壽)를 주는 산에 또 만년의 수를 주는 봉이 있고, 그 봉에는 또 만년의 수를 주는 우물이 있더이다. 그 물로 빚은 술을 만수주라 하옵나니, 정성을 다해 올리는 이 잔을 잡수시고 만수무강하옵소서.」

웃어른의 만수무강을 비는 시조이다. 우리 시가에는 임금이나 어른의 만수무강을 비는 노래가 많다. 고려가요 정석가(鄭石歌)에도 "무쇠로 한소를 디여다가 / 철수산(鐵樹山)에 놓으이다 / 그 소가 철초(鐵草)를 먹어야 / 유덕하신 님 여의어지이다"라고 노래했고, 또 다른 고시조 한 수에는 "무쇠 기둥에 꽃피어 열음 열어 따들이도록 누리소서"라고 노래하기도 했다.

인용한 고려가요나 시조에는 오히려 과장이 지나치다고 할 정도로 영원무궁토록 사시기를 간구하고 있다. 이런 간곡한 기원은 어디에서 나올 수 있을까? 그 바탕은 감사하는 마음이다. 선인들은 임금님께 감사하고 부모님께 감사하며 스승님께 감사하면서 천년만년 사시기를 기원했다.

오늘날 우리는 나라와 부모와 스승을 위해 이런 간곡한 기원을 해 본적이 있는가? 우리는 감사할 줄 모른다. 그래서 우리는 간곡한 기원이 없다.

오늘은 '스승의 날' 이다. 박봉에 어렵게 산다고 '선생질' '접장질' 로 호칭되는 그분들, 필요할 땐 '성직' 이니, '전문직' 이라고 미화되기도 하면서, 희생적인 삶을 사시는 분들……. 힘이 없으니 심심할 땐 누구나 쥐어박으면 얻어맞기만 하는 그분들, 경제성장의 초석이었으면서도 성장의 과실은 돌아오지 않더니, 정상적인 교육을 받지 않은 사람들이 정권을 잡자 유일한 위안이었던 정년까지도 잘려버린 그분들, 요즈음은 '촌지쟁이' [30]란 꼬리표를 달고 얼굴도 들지 못하는 그분들께 오늘(스승의 날)을 맞아 전화 한 통이라도 하자. '만수무강하옵소서' 라고…….

1998년 5월 15일 금요일

30) 김대중 정부의 이해찬 교육부장관이란 이가 교육개혁이란 미명 하에 교원 정년을 단축시키려고, 그 분위기 조성을 위해 특정인의 촌지사건을 침소봉대해서 교원들의 기를 꺾은 일이 있었음.

36

청춘소년(靑春少年)들아 백발노인(白髮老人)웃지 마라.
공변된 하늘 아래 넨들 매양 젊었으랴?
우리도 소년행락(少年行樂)이 어제런 듯 하여라.

〈작자미상〉

「젊음을 누리고 즐기는 청춘소년들아 늙어 주름지고 허리 굽은 백발노인을 추하다고 비웃지 말아라. 공평한 하늘의 섭리가 있으니 너희인들 언제나 젊은 청춘소년으로만 머물 리가 있겠느냐? 우리도 너희들처럼 젊음을 즐기고 논 때가 바로 어제인 듯 하단다.」

우리 고시조에는 늙음을 한탄하고 인생무상(人生無常)을 노래한 작품들이 많다. 주로 연회 등에서 흥을 도우며 짓고 읊은 노래들이다.

그러나 선인들의 사회는 효(孝)와 충(忠)을 숭상하였고 장유유서(長幼有序), 경로효친(敬老孝親)을 절대적인 윤리로 알고 생활규범으로 실행해 왔다. 우리 선인들의 사회에서는 늙어서 서러움을 받기보다는, 노인이 되어야 사람대접을 받고 존경을 받았다. 그런 사회에 살았던 옛 노인들도 인생을 되돌아보고 '탄로가(嘆老歌)' 를 불렀다.

그런데 요즈음에 와서 때 아닌 '탄로가' 가 무성함은 무슨 까닭인가? 젊은이가 노인들을 우습게 보아서, 사회와 가정에 경로사상이 허물어져서 이것을 서러워하는 사치스러운 차원에서가 아니다. 이는 생존권의 문제이다. 실업자가 대량으로 거리로 내몰리고 있다.[31)]

그들의 죄는 단지 40, 50대라는 나이와 보수(報酬) 때문이다. 그들은 지금 한창 능력을 발휘해서 일할 나이이다. 과연 그들의 능력과 축적된 경험과 기술을 사장(死藏)시켜도 옳다는 말인가? 지식은 단시간에 얻을 수도 있으되, 기술과 경험은 경륜으로 얻는 것이다. 초보들만의 세상, 아마추어들만의 기업이 과연 세계적으로 경쟁력을 가질 것인가?

실로 그들의 희생적인 20, 30대 시절이 있었기에 오늘날이 있음을 왜 모르는가? 40, 50대가 되면 벌써 폐품 취급을 받는 직장 풍토 속에서 젊다고 살아남은 20, 30대는 과연 땀 흘려 밤새워 일을 할 것인가?

1998년 7월 3일 금요일

31) IMF 시절의 구조조정으로 인한 실직 사태를 이름.

37

청춘(靑春)은 언제 가며, 백발(白髮)은 언제 온고?
오고 가는 길을 알았던들 막을 것을.
알고도 못 막는 길이니 그를 슬퍼 하노라.

〈계 섬〉

「청춘은 언제 갔으며 백발은 언제 왔는고? 무정한 세월이 오고 가는 길을 알았던 들, 미리 그 길을 막아서 못 가게나 잡을 것을, 보고도 못 잡고 못 막는 길이니 그것을 슬퍼하노라.」

우리 고시조에는 인생무상을 노래하고 늙음을 한탄한 노래(嘆老歌)가 많다. 승려들에 의해 불교적 교리를 노래하기도 한 가사(歌辭)와는 달리 고시조에는 내세(來世)를 동경하거나 극락왕생을 기원한 시조는 찾아보기 어렵다. 이는 시조 향유자가 사대부(士大夫), 곧 유자(儒者)[32]들이었기 때문이기도 하겠지만, 시조 작가가 평민들이었던 후기 시조에서도 또한 마찬가지이다. 이는 우리 민족이 현세를 소중하게 여기는 현실주의적 민족성을 지녔기 때문인 듯도 하다. '죽은 정승보다는 산 개가 낫다' 는 속담이 남아 있는 것만으로도 이를 알 수 있다.

아무튼 경로효친(敬老孝親)이 절대적인 가치요, 규범이며, 생

32) 유학을 공부하는 선비. 유생(儒生).

활 그 자체였던 옛 사회에서도 이렇게 인생을 무상해 하고 늙음을 안타까워 하는 노래가 성했음을 알 수 있다. 그런데 하물며 노인을 무시하고 경원(敬遠)시하는 오늘날에 있어서랴? 참으로 탄로가가 넘칠 만도 하다. 그런 탄로가도 부를 수 있는 환경이 되어야 부를 수 있는 법. 어디 오늘날에는 그 많은 노래 중에 탄로가가 한 곡이라도 있기나 한가?

오늘은 '노인의 날' 이다. 그렇게 요란하던 '어린이날' 에 비해 노인의 날을 알기나 하는 이가 얼마나 될까? 10월은 또한 경로의 달이다. 개천절이며 추석절이며 한글날이며 모두 조상님들의 은공을 되새기게 하는 날들이다.

사람은 누구나 죽는다는 사실을 잊고 살 듯, 나도 늙는다는 사실을 행여 잊고 있지는 않은 지 되새겨 볼 일이다.

1998년 10월 2일 금요일

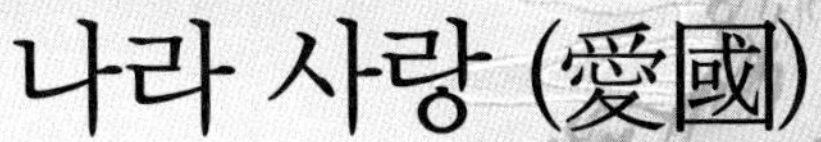

나라 사랑 (愛國)

심훈은 광복의 날을 기다리며 이렇게 노래했다.

"그날이 오면, 그날이 오면
… 한강물이 뒤집혀 용솟음칠 그날이
이 목숨이 끊기기 전에 와 주기만 하량이면
… 종로의 인경을 머리로 들이받아 울리오리다.
두개골이 깨어져 산산조각이 나도
기뻐서 죽사오매 오히려 무슨 한이 남으오리까?" 라고…….

38

공산이 적막한데 슬피 우는 저 두견아
촉국(蜀國) 흥망이 어제 오늘 아니거늘,
지금껏 피나게 울어 남의 애를 끊나니.

〈정충신〉

「인적 없는 고요하고 쓸쓸한 산에서 밤새도록 구슬프게 울어 대는 두견새야, 촉나라 망제의 넋이 되어 운다고는 하지만 촉나라가 망한 지가 언제인데, 지금껏 목에서 피가 나도록 슬피 울어서, 듣는 이의 마음을 도려내는 듯 아프게 하느냐?」

'촉(蜀) 나라에 이름이 두우(杜宇)라 하고, 제호(帝號)를 망제(望帝)라고 하는 왕이 있었는데, 어리고 사려 깊지 못하여 총애하던 신하에게 왕위를 찬탈당하고 귀양 보내져서 죽었다. 그는 그 원통함을 참을 수 없어서, 원혼이 되어 돌아와 밤마다 불여귀(不如歸)[33]를 부르짖어 목구멍에서 피가 나도록 울었다' 고 하는 전설이 전해온다. 이 시조는 이를 원용한 시조이다.

임진왜란 때 권율과 이항복을 도와 일했고, 이들을 사사(師事)한 작자가, 대비 없이 안일하게 지내다가 선조 임금이 궁을 내어주고 의주로 파천하는 국치를 겪으면서, 나라를 염려하는 신

33) 이런 사연으로 인하여 두견이를 불여귀, 귀촉도, 두견새, 자규라고도 함.

하로서, 그 애통한 심정을 두견에 의탁해서 노래한 시조이다.

우리는 지금, 세계가 주목을 하고, 우리를 벤치마킹 하려고 분주하다. 한류 열풍이 세계 여러 곳에서 일고 있다. 무역 규모가 세계 10위, 국민소득 2만달러 시대, 선진국 진입이란 국운 상승의 기세가 대단하다.

그런데 이제 그 기운을 다했는가? 우리는 정말 망각을 잘하는 백성들인가? 역사의 가르침을 잊고도 미래가 있는가? 현재 나라를 뒤흔드는 좌편향적 이념에 함몰된 이들의 못난 모습들을 살펴보면, 실로 나라의 앞날이 염려스럽다기보다는 차라리 두렵기까지 하다. 만리장성 저쪽에서는 벌써 미국이 두려워 할 정도의 국력을 바탕으로 한 북소리가 다시 울리고, 현해탄 저쪽은 두려움 없이 역사를 왜곡하고 독도를 넘보려한다.

전진을 위한 후퇴라는 말이 있었던가? 우리가 지금 의식도 못하고 행하는 이 못난 짓거리들[34]이, 또다시 피눈물 나게 두견새처럼 우리를 울게 할 씨앗이 되게 하지 말고, 더 큰 도약을 위한 터다지기가 되게 하자.

1997년 2월22일 토요일

34) 지역과 좌우 대립적 국론 분열 및 불법 파업과 시위 등으로 사회 갈등이 극심한 현실.

39
아바님 가노이다 어마님 좋이 겨오.
나라히 부르시니 이 몸을 잊었내다.
내년(來年)의 이 시절(時節) 와도 기다리지 마소서.

〈작자미상〉

「아버님, 그리고 어머님 저는 부모님의 곁을 떠나갑니다. 부디 제가 보살펴 드리지 못하더라도 안녕히 계십시오. 나라가 저를 부르시니 부모님과 처자, 형제는 물론 이 몸마저도 잊었습니다. 내년이 되어 이맘때가 오더라도 제가 돌아오기를 행여라도 기다리지 마십시오. 나라에 바친 몸이오니 없는 아들로 생각하소서.」

나라가 난을 당함에 군인이 되어 싸움터로 나가거나 변경(邊境)으로 수자리 살러 가는 젊은이의 각오가 담긴 시조이다. 나라를 위해 목숨을 바칠 각오가 대단하다. 이름 있는 장수의 호기(豪氣)를 담은 시조가 아니다. 소박한 서민의 충성심이 하직 인사의 형식을 빌려 진솔하게 우러나 있다. 이렇게 우리 조상들에게는 위로부터 일반백성에 이르기까지 충(忠), 곧 나라에 대한 충성심이 절대적인 제일의 가치였다.

오늘날 우리 후손들이 반만년의 역사를 이어받고, 단일민족의 혈통과 찬란한 문화를 이어올 수 있었던 것은, 이처럼 이름

없는 수많은 백성들의 고귀한 희생들이 있었기에 가능했던 것이다. 이런 선조들이 나를 던져 나라와 겨레를 지켜 온 덕분이다.

6월은 '호국보훈의 달' 이고 내일은 '현충일' 이다. 오늘에 사는 우리들은 얼마나 나라를 생각하는가? 선조들의 거룩하신 뜻을 얼마나 이어가고 있는가? 우리는 과연 조상님들께 부끄럽지 않은 삶을 살고 있는가?

아비의 상여 뒤에서도 친구들과의 장난질로 조문객을 울리는 철부지 어린 상주처럼, 우리는 '현충일' 을 무슨 휴일이나 명절로나 여기는 한심한 후손들은 아닌가!

하루만이라도 경건히 고개를 숙이는 후손이 되자.

1997년 6월 6일 목요일

40

수양산(首陽山) 나린 물이 이제(夷齊)의 원루(寃淚) 되야,
주야불식(晝夜不息)하고 여흘여흘 우는 뜻은
지금(至今)에 위국(爲國) 충성(忠誠)을 못내 슬퍼하노라.

〈홍익한〉

「은(殷)나라를 사모하여 주(周)나라 곡식을 먹지 않고 수양산에서 주려 죽은 백이(伯夷), 숙제(叔齊)의 원통한 눈물이, 지금까지도 쉬지 않고 여울마다 흘러내리는 까닭은, 오늘날의 나라를 위하는 충성심이 옛날과 달리 보잘 것 없음을 슬퍼함이로다.」

홍익한(1586~1637)은 병자호란 때 척화신(斥和臣)[35]으로서, 화의론(和議論)[36]을 극력 반대하다가 심양에 끌려가서는 끝내 충절을 지키다 피살당한 삼학사 중의 한 분이다.

백이, 숙제의 행위에 자신의 마음을 의탁한 시조이다. 따라서 이제(夷齊)의 원루는 작자 자신의 눈물이다. 충절지사 홍익한은, 은(殷)을 위해 주려 죽으면서까지 지조를 지킨 이제(夷齊)의 충절과 같은 충절을 세상 사람들이 가졌으면 좋으련만, 당시 사람들의 위국충성이 부족함을 개탄하고 있다.

어제가 6 · 25동란 47 년[37]이 되는 날이다. 한국군(유엔군 포

35) 호국과 화해를 거부하던 신하.
36) 항전하기보다 외교적 협상으로 호국과의 난을 마무리하자는 주장.
37) 2010년에는 60년이 되는 해이다. (이글의 햇수는 97년 당시의 계산이다.)

함) 희생자가 18만 명, 대한민국 측 민간인 사상자가 99만 명, 북으로 납치된 자가 8만 5천 명, 그 외 물적 인적 피해를 어찌 다 필설로 말할 것인가!

오늘날 우리가 누리는 복된 삶은, 이런 수많은 호국 영령들의 희생의 덕분임을 아는 이가 적어졌다.

남북분단 52 년, 6 · 25동란 47 년, 임들이 가신 지 반세기에 이르건만 아직도 영령들의 영전에 자유, 번영, 통일을 보여드리지 못함이 죄스럽다.

그러면서도 오히려 이념의 혼돈과 호국의지마저 흐려진 후손들을 보시면서, 구천을 헤매실 영령들께 죄스런 노래를 고쳐 바친다.

'조국산하 내린 물이 임들의 원루 되어 / 주야불식하고 여울여울 우는 뜻은 / 지금의 위국충성을 못내 슬퍼하심이라.'

1997년 6월 26일 목요일

41

낙지(樂只)자 오늘이여, 즐거온자 금일(今日)이야,
즐거운 오늘이 행여나 저물세라.
매일(每日)에 오늘 같으면 무슨 시름 있으랴.

〈김현성〉

「즐기자 오늘이여 즐겁도다 오늘이여, 더할 수 없이 즐거운 오늘이 행여나 저물기나 할까 두렵도다. 날마다 오늘과 같이 즐겁기만 하다면야 무슨 근심 걱정이 있으랴?」

풍요롭지 못했던 농경 환경과 잦은 외침으로 인해, 한(恨)과 눈물이 많았던 우리 선인들에게도 때로는 이렇게 더할 수 없이 즐거운 날도 있었던 모양이다.

그래서 고시조에는 즐거움을 노래한 시조가 더러 전한다.

요즈음 우리 국민들은 기쁨과 즐거움으로 활력이 넘친다. 그야 물론 28일 월드컵 예선전의 통쾌한 승리[38]때문이다. 이 쾌거야말로, 대선전(大選戰)의 혼미와 경제위기에 대한 걱정으로 침울한 국민들에게 안겨준 단비 같은 승전보(勝戰譜)였다. 국민이면 누구나, 이 시조에서처럼 모두가 다 기뻐할 값진 승리임에 틀림이 없다.

38) 1997년 9월28일 월드컵 한일 예선전 승리.

그러나 우리는, 이렇게 환호하고 열광하는 애국심 뒤에, 개개인의 내면으로는 얼마나 뜨거운 애국심으로 극일(克日)하는 삶을 살았는지 반성해 볼 일이다. '독도(獨島)문제다, 망언이다' 하면 요란하기만 하다가 속으로는 일제(日製)를 더 선호하진 않았는지? 정신대 문제를 항의하면서도 일인들의 엽색행각을 외면하고 있지는 않았는지……!

우리는 당연히 이겨야 할 게임을 이겼을 뿐이다. 축구는 물론이고 우리는 항상 그들보다 훌륭한 문화를 지녀왔었다. 잠시나마 그들의 침략행위에 희생되기도 했었고, 근대에 와서 경제적으로 약간 뒤지기도 했을 뿐이다. 그러나 지금은 산업과 문화의 여러 분야에서 우리가 앞서는 분야가 점차 늘어가고 있다.

속내와는 달리 애써 의젓해 하려는 그들에게, 우리를 속 얇은 민족이라고 오해하게 해서야 되겠는가? 우리를 두려워하면서도 속으로 분발하는 그들에게 격려를 해주는 아량도 보여주자.

1997년 10월 2일 목요일

42

한산(閑山)섬 달 밝은 밤에 수루(戍樓)에 혼자 앉아,
큰칼 옆에 차고 깊은 시름 하는 적에,
어디서 일성호가(一聲胡笳)는 남의 애를 끊나니?

〈이순신〉

「한산섬에 달빛이 휘영청 밝은 밤에 파수를 보는 높은 망루(望樓)에 전장을 책임진 장수로서 장검(長劍)을 허리에 차고 홀로 앉아서, 전장의 상황과 나라 걱정으로도 마음이 어지러운데 어디선가 들려오는 명나라 진영의 피리소리는 더욱 나의 간장을 쓰라리게 하는구나.」

충무공이 진중에서 읊은 우국충정(憂國衷情)의 시조이다. 공(公)이 읊은 같은 시상의 한시(漢詩) 한 수가 공의 충정을 보게 한다. "水國秋光暮(수국추광모) 驚寒雁陣高(경한안진고) 憂心輾轉夜(우심전전야) 殘月照弓刀(잔월조궁도)" 〈한산섬에 가을빛이 저무니 / 추위에 놀란 기러기 떼 높이 나는구나. / 근심하는 마음 잠 못 드는 밤에 / 새벽 달빛이 활과 칼을 비치네.〉라고 읊었다.

임금은 의주로 파천하고, 뭍에서는 연패를 거듭해서 병참 군비 병사가 부족하고, 전함마저 열세인 어려움 속에서도, 오직 해로(海路) 차단만이 풍전등화(風前燈火)같은 나라의 운명을 구

하는 길임을 헤아리고, 막중한 책임과 전략 수립에 고심하는 충무공의 모습이 두 글에 역력하다.

율곡의 십만 양병론(養兵論)을 묵살하고 임진왜란, 정유재란을 자초했던 우리 조상들, 세월의 흐름에 따라 역사의 교훈을 잊어버리고는 결국 국권을 내어 주는 치욕을 당해야만 했던 조선말의 우리 조상들. 우리는 흔히 그 무능을 성토하고 안타까워한다.

역사는 반복되는 것이라면, 우리는 얼마나 역사의 교훈을 잊지 않고, 닥칠지도 모를 국난에 대비하고 있는가?

문헌에 기록되어 있는 왜구의 침략만을 살펴도 그 횟수가 무려 수천 회에 이른다고 한다. 또 다른 침범이 없으리라는 보장이라도 있다는 말인가? 독도 문제에서 보듯 남북이 분단돼 어지러워하는 틈을 타서, 그들은 우리를 능멸하고, 우리의 의지를 시험하고 있다.

힘이 있고서야 나라와 우호와 평화도 있는 법. 그들이 하와이를 자기네의 땅이라고 우기고 미국의 어선을 나포할[39] 수 있을 것인가? 통회할 일을 당하기 전에 국력을 기르자.

1997년 11월 13일 목요일

39) 당시에 일본 경비정에 의해 우리 어선이 나포되는 일이 있었다.

43

샛별 높이 떴다 지게 메고 소 내어라.
앞 논 네 베거든 뒷 밭으란 내 베리라.
힘까지 지거니 실어 놓고 이랴 저라 몰아라.

〈김태석〉

「샛별이 높이 떴다. 지게를 메고 소를 이끌어 내어 일을 하러 들로 나가자꾸나. 앞 논의 벼를 네가 베거든, 뒷밭의 곡식은 내가 베리라. 곡식들을 지게에 힘껏 지고서는 소에도 한껏 실어 놓고 이랴 저라 소리치며 소를 몰아라.」

근면을 가르친 시조이다. 새벽같이 들에 나가 땀흘려 일하던 선인들의 모습이 눈에 선하다. 근검절약하며 살아온 선인들이건만, 그들은 항상 자신과 이웃들에게 근면을 다그쳤다. 그들은 선량했다. 소박하게 살면서 분수를 알고 부지런히 일할 뿐, 허장성세하고 남의 탓을 하지 않았다.

오늘날 우리는 경제위기[40]를 맞고 있다. 난국 속에서도 각성은커녕 남의 탓, 대통령 탓만 한창이다. 누구를 탓하며 누구를 원망하랴? 모두가 내 탓, 우리 국민들이 못난 탓이거늘. 나라에서 빚을 낸다 해도 해외 여행이 줄지 않는 작태를 보라. 지금의

40) IMF 사태를 말하는 것임.

경제위기는 성숙하지 못한 우리 국민들에게 주어진 민주주의의 대가(代價)이다. 주어진 민주제도와 자유를 책임과 의무로 가꾸기 보다는 방종과 방탕만으로 흥청거렸기 때문이다.

청와대와 안기부의 힘을 줄이는 일, 금융 · 부동산실명제며 각종 규제 철폐는 과연 누가 요구한 것들이었는가? 국민에게 맡기라고 해놓고는 국민은 진정 무엇을 했는가?[41] 낭비와 사치, 나태와 방탕, 농성과 파업, 그리고 부정 부패들……. 그러면서도 파멸의 조짐도 몰랐던 우리들이다.

이제라도 정신을 차리자. 조상들의 가르침을 따르자. 기회는 위기 위에 오는 것.

자, 다시 새벽별을 보면서 일터로 나가자. 일근천하무난사(一勤天下無難事)[42]라 하지 않았는가?

1997년 11월 27일 목요일

41) 각종 민주화 조치들 그리고 각종 제도 개혁을 국민들이 요구만 했지, 국민 자신들은 책무를 다하지 않음을 안타까워하는 말이다.
42) 한결같이 부지런하면 세상에 어려운 일이 없다는 말로 주자에 나오는 말이다.

44
촉석루 밝은 달이 논낭자(論娘子)의 넋이로다.
향국(向國)한 일편단심(一片丹心) 천만년에 비취오니,
아마도 여중충의(女中忠義)는 이뿐인가 하노라.

〈직자미상〉

「촉석루를 비추는 밝은 저 달이 논개의 넋이로다. 나라를 위한 진심에서 우러나온 충성된 마음은 천만년의 세월에도 밝게 빛나리니. 아마도 여자 가운데 충의가 있는 사람은 논개 뿐인가 하노라.」

적장의 목을 안고 남강에 몸을 던져 배달여성의 기개를 과시한 논개의 충의를, 촉석루에 비친 달에 비겨 기린 시조이다. 논개는 나라의 운명이 간두(竿頭)에 달했을 때, 여인의 몸으로 살신성인함으로써 겨레의 짓밟힌 자존을 되찾았고, 백성들의 떨어진 사기를 솟구치게 했다.

나라가 위난(危難)에 처했을 때 여성들이 몸을 던져 나라를 구하려 한 일이 적지 않다. 계월향이 평양의 연광정(練光亭)에서 왜장을 안고 대동강에 떨어진 일이며, 행주산성에서 여성들이 앞치마로 돌을 날라 싸움을 도운 일이며, 유관순 열사가 거룩하게 산화한 일들은 청사에 빛날 일들이다. 따지고 보면, 오늘날 우리가 누리는 풍요는 60, 70년대에 근로여성들이 박봉을 마다 않고 세상 사람들의 멸시 속에서도 봉제공장이며 신발공장 등에서 땀을 흘려 일한 대가였다고도 할 것이다.

이렇듯 여성들의 희생으로 나라, 민족을 지켰고 오늘날의 풍요도 이루었건만, 오늘 우리는 다시 경제적 어려움을 맞고 있다. 풍요를 이룬 이가 여성이라면, 내수(內需)를 어렵게 하는 이도 여성이라고 하면 지나친 편견일까? 가구, 가전제품, 화장품, 장신구, 모피, 차량 등등, 외제만 선호하는 이는 과연 남성 여성 중 어느 쪽일까?

이제 다시 여성이 깨어야 한다. 가정이 건강해야 나라가 건강한 법, 가정을 꾸려가는 여성이 건전해야 나라가 건전해진다. 논개처럼 몸을 던질 수는 없지만, 내 남편이 만든, 내 나라 제품은 살 수 있지 않은가? 글로벌 시대에 우리도 시장을 개방하기는 해야 한다. 그러나 내수가 살아나야 경기가 다시 살아난다.

우리 것을 우리가 더 사는 것, 그것이 바로 구국의 길이다.

1997년 12월 18일 목요일

45

삭풍(朔風)은 나무 끝에 불고, 명월(明月)은 눈 속에 찬데,
만리변성(萬里邊城)에 일장검(一長劍) 짚고 서서,
긴 파람 큰 한 소리에 거칠 것이 없어라.

〈김종서〉

「차가운 북풍은 앙상한 나뭇가지에 불어대고, 겨울밤의 밝은 달은 눈으로 덮인 산과 들을 차갑게 비춘다. 멀리 떨어져 있는 국경지대의 성루에 올라 큰 칼을 힘차게 집고 서서, 긴 휘파람 불고 크게 한 번 호령하니, 감히 눈앞에 거치적거릴 것이 없구나.」

일명 '호기가(豪氣歌)'라 불리는 시조로, 장부의 늠름한 기개가 넘친다. 나약한 문신들의 반대와 염려에도 불구하고 여진족의 침략을 물리쳐 육진(六鎭)을 설치하고, 압록강 두만강을 경계로 하는 국경을 확정한 김종서가 차가운 북풍 속에 흰 눈에 뒤덮인 황량한 변경을 지키며 적을 호령하는 호기 넘친 모습이 눈에 선하다. 충군 위국(忠君爲國)의 정열에 불타는 무인의 떳떳한 자부심이 넘친다.

김종서의 이 호기는 지용(智勇)을 겸비한 장군의 개인적인 기상이라기보다는 신흥 조선의 생기 찬 호흡이며, 새로운 시대의 세찬 입김이라 할 것이다. 곧 개인을 초극한 시대의 기상이다.

나라에는 기상이 넘쳐야 한다. 그렇다. 우리는 충천하는 기상이 있는 민족이다. 태평성대에는 양처럼 어질다가도 국난을 당하면 호랑이 같이 포효하고 황소같이 밀어붙이는 용맹과 뚝심이 있는 민족이다. 5천 년을 이것으로 지켜온 민족이다.

요즈음 우리나라에는 차가운 바람과 눈보라가 휘몰아치고 있다. 나라가 어렵다고들 한다. '어렵다. 어렵다.' 하면서 움츠리기만 한다면, 누가 우리를 도와주기라도 할 것인가? 우리를 구할 사람은 우리밖에 없다.

지금은 모두가 떨쳐 일어날 때이다. 호랑이 같은 용맹, 황소 같은 뚝심으로 일터로 가자. 겨레가 떨쳐 일어나서 극복하지 못한 국난은 없다. 선조들의 기개를 오늘에 되살리자.

강성노조, 불법파업, 반대만이 능사가 아니다.

1998년 1월 8일 목요일

46

장검(長劍)을 빼어 들고 백두산(白頭山)에 올라보니,
대명천지(大明天地)에 성진(腥塵)이 잠겼에라.
언제나 남북풍진(南北風塵)을 헤쳐 볼고 하노라.

〈남 이〉

「긴 칼을 빼어 들고 백두산에 올라 보니 밝고 맑아야 할 세상에 전쟁의 기운이 자욱하구나, 언제쯤이나 남북에서 자주 일어나는 전란을 평정하여 천하를 태평하게 하여 볼꼬 하노라.」

이 시조는 남이 장군이 세조 13년(1467)에 이시애의 난과 건주위(建州衛 : 길림성 부근)를 평정하고 돌아올 때 지은 것이라 한다. 남쪽에서는 왜구들이 자주 침입하고 북쪽에서는 여진족들이 수시로 발호하는 상황에서 이들을 제압하여 나라의 안녕을 이루려는 남이 장군의 기개가 넘친다. 끓어 넘치는 구국의 충정과 높은 인품을 알게 한다.

내일 6일은 마흔세 번째[43] 맞는 현충일이다. 젊은 나이로 소중한 목숨을 바쳐 나라를 구하신 순국선열들의 넋을 위로하고 감사드리며, 그 높은 뜻을 되새겨 계승하고 이루어낼 것을 다짐

43) 2010년엔 55번째.

하는 날이다.

위의 시조는 지은이의 신분과 지은 시대며 상황은 다르다. 그러나 그 속에 담긴 나라와 겨레 사랑의 충정은 6.25사변을 겪으며 조국을 위해 산화해 가신 호국 영령들의 것과 다를 바가 없다.

나보다는 나라와 겨레를 더 생각하신 선인들의 희생 정신은 오늘을 사는 우리들에게 죄스러운 마음을 더하게 한다. 병역 의무를 면하기 위해 저명 인사 자녀들이 이중 국적을 취득한다거나, 연예인 운동 선수들이 부정한 수단으로 신검불합격을 조작한다는 등, 사악(邪惡)하다고 할 만큼의 개인주의, 기회주의, 배금주의가 팽배한 오늘날의 풍조를 살피건대, '만일 다시 한일 합방, 6.25같은 국난을 맞는 경우가 우리에게 닥친다면, 과연 누가 있어 내 목숨을 던져 나라를 구하려고 할 것인가?'

'호국 보훈의 달' 6월을 맞아 스스로를 반성할 일이다. 아직도 통일된 나라를 이루지 못함이 호국 영령들에게 죄스럽지 아니하며, 허랑 방탕한 생활이 죄스럽지 아니하며, 탈법과 무질서며 부도덕함이 죄스럽지도 아니한가?

지금도 눈을 감지 못하시고 구천을 헤매시는 호국 영령들을 편히 잠드시게 해드리자. 그 길은 '국민 개개인이 조금만 더 나라를 생각하며 살아가는 것' 이다.

1998년 6월 5일 금요일

47

벽해 갈류(碧海 渴流) 후(後)에 모래 모여 섬이 되어,
무정방초(無情芳草)는 해마다 푸르러되,
어찌타 우리의 왕손(王孫)은 귀불귀(歸不歸)를 하나니.

〈구 용〉

「푸른 바닷물이 다 말라버린 후에 모래가 모여 섬이 되고, 속절없는 방초(풀)들은 해마다 그 때가 되면 다시 푸르러지는데, 어찌하여 우리의 왕손(王孫)만은 한 번 가시고는 다시 돌아오시지를 못하는가.」

이 시조는 작자를 구용(具容)이라고 한 가집(歌集)[44]도 있고, 정몽주라고 한 가집(歌集)[45]도 있다. 구용은 광해군 때에 벼슬한 이로서, 광해군에 의해 어린 나이에 억울하게 죽은 능창대군을 그리워하며 지은 시조라고 한다.

광해군 시절의 그 어지럽고 험악했던 세상이 지나가고 밝고 조용한 세상이 되어 모든 것이 제자리로 돌아왔건만, 저 세상으로 간 능창대군을 다시 대할 수 없음을 안타까워 한 것이다. 또한 여말의 충신 정몽주의 작이라면 회군을 한 신흥세력들에 의

44) 東國歌辭 외 4 歌集.
45) 歌曲源流 외 10 歌集, 靑丘永言에는 曺南溟이라했고, 甁窩歌曲集 외 25 歌集에는 작자 미상이라 함.

해 폐위가 되고 사약을 받기도 한 고려왕실의 비운을 두고 읊은 것이라고도 할 것이다.

이 시조는 당나라 시인 왕유(王維)의 시 송별(送別)에 "……봄이 되면 봄풀은 해마다 다시 푸르런데, 한번 가신 왕손은 다시 돌아오지 않으시는고. [春草年年綠(춘초년년록) 王孫歸不歸(왕손귀불귀)]"라 한 시(詩)에서 시상과 시구를 따왔다고는 할 것이다. 그러나 세월이 흘러도 계절은 어김없이 되돌아오건만 되돌아오지 못하는 그리운 사람을 그리는 정이 애절하다.

어제가 6.25를 마흔 여덟 번째 보낸 날[45]이다. 나라와 자유를 위해 돌아가신 국군과 유엔군이 무려 18만, 북한군에 의한 민간인 사상자가 무려 99만, 북으로 납치된 자가 8만5천여 명이었다고 한다. 얼마나 고귀한 생명들인가? 얼마나 높으신 희생들인가?

우리를 위해 산화하신 그분들, 이제 겨우 반세기의 세월이 흘렀다고 해서, 이렇게도 우리 국민들의 가슴에서 잊혀져도 되는 것일까? 임들을 그리워하는 노래 한 곡조차 없어도 된다는 말인가?

1988년 6월 26일 금요일

46) 2010년에는 60주년이 됨.

48

충신(忠臣)은 만조정(滿朝廷)이요, 효자(孝子)는 가가재(家家在)라.
우리 성상(聖上)은 애민적자(愛民赤子)하시는데,
명천(明天)이 이 뜻 아셔서 우순풍조(雨順風調)하소서.

〈작자미상〉

「국운이 날로 융성 발전하는 나라이니 조정에는 충신이 가득하고, 집집마다에는 효자가 있으니 교화가 고루 미친 도의의 나라이다. 임금님은 백성을 어린 아기처럼 여기고 사랑하니, 태평성대가 분명하다. 이렇듯 인사(人事)가 원만하니, 모든 것을 명찰(明察)하시는 하느님께서는 이 뜻을 아시어서, 비바람이 고르고 알맞아 풍년이 들어 백성들이 태평성대를 노래하게 해주소서.」

문맥상으로는 차라리 종장의 끝구는 '우순풍조하도다'로 맺는 것이 나을 듯하다. 그러나 작자의 의도는 현실이 그런 것이 아니고, 그렇게 되었으면 좋겠다는 뜻을 조심스럽게 표한 현실비판의 시조인 듯하다. 그래서 작자를 숨겼는지도 모를 일이다.

이렇게 백성뿐만이 아니라 옛 군왕들도 홍수, 가뭄, 외침 등 나라에 환난이 있으면, 스스로의 부덕을 뉘우치면서 하늘에 제를 올려 이를 극복할 수 있게 해달라고 기원하기도 하였다. 그러나 오늘날은 주권자가 국민이다. 만약에 오늘날 우리가 겪고 있는 경제적인 어려움과 천재지변이 저 명천이 내리는 처벌이라면, 이는 우리 국민 모두에게 내리는 벌이라고도 할 수 있을 것이다.

내일로 광복된 지 53 년[47], 어떻게 찾은 나라이며, 얼마나 소중한 나라인가! 그러함에도 우리는 지도자나 국민들은 얼마나 나라를 사랑했으며, 어떻게 국민의 도리를 다해 왔는가? 도덕적 타락은 또 어떠한가? 정말 명천 하느님이 계시다면 벌을 내릴 만도 하지는 않은가?

만해 '한용운' 은 예언하기를 첫 36 년은 해방이 되고 그 다음 36 년은 제대로 나라 구실을 못하다가 제3의 36 년은 국운이 한없이 뻗친다고 하였다.

지금까지는 적중해 가고 있다. 지금의 위기를 남의 탓으로만 돌리지 말고 위기를 기회로 삼자.

1998년 8월 14일 금요일

47) 2010년은 65년 되는 해임.

49

박제상(朴堤上) 죽은 후에 님의 시름 알 이 없다.
이역(異域) 춘궁(春宮) 뉘라서 모셔오리?
지금(至今)에 치술령(鵄述嶺) 귀혼(歸魂)을 못내 슬퍼하노라.

〈이정환〉

「박제상이 죽은 후에 임금님의 시름을 알 사람이 없도다. 호국에 볼모로 잡혀가 계신 소현세자(昭顯世子)와 봉림대군(鳳林大君)을 그 누구가 모셔 오리오. 지금에 이르러서야 치술령에서 부군이 돌아오기를 기다리다 죽어 간 박제상 부인의 영혼을 못내 슬퍼하노라.」

신라의 임금 눌지왕(訥祗王)이 일본에 볼모로 가 있는 아우 미사흔(未斯欣)을 생각하며 슬퍼하자, 충신 박제상이 일본으로 가 왕제를 탈출시킨 후(AD418) 왜군에 잡혀 죽었다. 그런 뒤에도 박제상의 부인은 세 딸과 함께 치술령에서 부군을 기다리며 통곡하다 죽었다는 고사이다. 이를 들어 신라에는 박제상 같은 충신이 있어서 왕제를 구했으나, 조선에는 충신이 없어서, 병자호란(1636~1637)에 청국에 볼모로 간 소현세자와 봉림대군, 이 두 왕자를 구해내지 못하고 있는 한(恨)을 노래한 비가(悲歌) 중의 하나이다.

잡힌 박제상은 왜왕의 회유와 협박에 "차라리 계림의 개, 돼지가 될지언정 왜국의 신하는 되지 않겠다. 차라리 계림의 형벌은 받을지언정 왜국의 작록은 받지 않겠다."고 하고 불에 타서 죽었다. 이런 박제상을 부러워한 당시 조선의 충신들은 과연 박제상의 충절만 못했더란 말인가? 아니다 형조판서 김상용(金尙容)은 강화성이 함락되자 자폭하여 죽었고, 홍익한(洪翼漢)을 비롯한 삼학자들은 결사항전을 주장하다 청으로 끌려가 모진 고문에도 끝내 굴하지 않고 피살당하였다.

지금은 삼월이다. '80년 전 선열[48]들이 피 흘린 희생' 도 신라 박제상의 충절과 병자호란 때의 충신들의 충절과 다름 아니다.

어떻게 되찾은 조국인가? 얼마나 선열들이 동경했을 독립국인가? 우리는 그 염원, 그 함성, 그 뜨거운 애국 혼을 얼마나 새겨서 이어가고 있는가?

1999년 3월 5일 금요일

48) 3.1독립만세 사건으로 희생되신 애국 선열들.(2010년에는 91년이 됨)

50

봄비 개인 후에 내외(內外) 청산(靑山) 바라보니,
몽몽진애(濛濛塵埃) 씻은 곳에 창울(蒼鬱) 안색(顔色) 새로워라.
언제나 함어도탄(陷於塗炭) 우리 국민(國民) 저와 같이….

〈작자미상〉

「봄비가 갠 후에 가깝고 먼 청산을 바라보니, 세상의 온갖 자욱하던 티끌이 씻긴 곳에, 울창한 숲의 생동하는 모습이 새로워라. 언제쯤이나 도탄에 빠진 우리 국민도 저 숲과 같이 활기찬 삶을 살 수 있을 것인가?」

1909년 3월20일자 '대한매일신보(大韓每日申報)'에 실렸던, 도탄에 빠진 백성과 국운을 염려한 시조이다. 이 신문은 영국인 배설(E.T Bethel)을 발행인으로 하고 양기탁, 박은식, 신채호 등 민족진영 인사들이 후원 제작한 신문이었다.

그래서 한일합방 전까지는, 국민과 나라를 염려하고 민족혼을 일깨우려는 글을 많이 실었고, 이런 시조도 격일로 연재했다.

당시는 일본이 노일전쟁에서 승리한 여세를 몰아 조선을 지배하겠다는 야욕을 노골화하던 시기여서, 나라의 운명이 백척간두 · 풍전등화에 있던 시기였다.

1910년 8월 29일 합방이 되기까지 제 나라를 사이에 두고 다투는 청일, 노일에 전쟁터를 내어 주고 백성들은 도탄에 빠졌으며, 임금(순종)은 있었으되, 이미 정치, 외교, 경제, 문화의 주인은 우리가 아니었다.

무력(武力)이 모든 것을 지배하던 당시의 주인이 우리가 아니었다면, 경제가 정치, 외교, 문화, 군사를 지배하는 이 시대의 우리의 주인은 과연 누구인가?

일제의 총칼 앞에서도 주권을 주장하고 침략의 부당성을 외친 언론이 있었고, 이승만 독재, 군사독재 하에서도 저항한 신문이 있었는데, 지금의 신문과 방송은 어떠한가?

우리의 반도체 정책, 자동차 정책, 금융기관의 외국기업에의 매각 정책, 어업 정책[49]은 과연 누구에 의해, 누구를 위해 이루어지는 일들이란 말인가!

우리는 어디로 가고 있는가?

1999년 4월 2일 금요일

---

49) 빅딜이라는 이름으로 LG에서 건설한 하이닉스 반도체 공장을 현대에 넘기게 한 일, 삼성자동차를 르노에 매각한 일, 외환은행 등 국가기간 은행들을 외국자본에 매각한 일, 많은 양보를 한 한·일 해양협정 등을 말함.

51

일신(一身)의 당(當)한 관계(關係) 제 각기(各其) 알건마는,
전국(全國) 생령(生靈) 큰 관계(關係)는 어이 전(全)혀 모르는고?
동포(同胞)야 동포(同胞)라 하는 뜻을 깊이 생각하소서.

〈작자미상〉

「자신의 몸에 당한 일의 전후 관계는 제 각각 저마다 잘도 알건마는, 온 나라 백성들의 운명이 달린 큰 일의 전후 관계는 어찌 전혀 모르는고? 동포여 우리가 서로를 동포라 하는 뜻을 깊이 생각하소서.」

1910년 1월 20일자 '대한매일신보'에 실린 시조이다. 이 때는 한 · 일 합방[50]이란 국치를 당하기 불과 수개월 전이요, 안중근 의사가 이등박문을 죽인지[51] 몇 개월 뒤일 때이다. 일제가 청나라와 러시아에 승리(1905)한 후 조선 강점의 야욕을 숨김없이 드러내고, 식민지화 정책을 강행하던 시기였다.

한일수호조약(1876)이래 총칼로 한일의정서(1904), 제1차한일협약(1904), 을사보호조약(1905), 통감부설치(1906), 고종황

50) 1910년 8월 29일.
51) 1909년 10월 26일.

제 강제 퇴위(1907), 한일신협약(1907) 등 여러 조약을 강제로 맺으면서, 야금야금 조선의 권리를 빼앗아 나라를 형해화(形骸化)[52]하더니, 마침내 국권을 강탈하기에 이른다. 그러니 기우는 국운 앞에 당시의 비통했을 상황은 짐작하고도 남음이 있다.

이런 민족의 오욕 앞에 우리 선열들은 죽음도 두려워하지 않고 당당히 주권 수호운동을 펼쳐 나갔었다. 그러나 나라와 겨레의 앞날을 염려하던 지사(志士)들의 눈에는 살아가기에 바쁜 동포들이 나라를 구하고 겨레를 지키는 일에 동참하려는 열성이 미흡해 보이기도 했던 모양이다. 그래서 나라의 일을 자신이 당한 일처럼 생각하고 동참하기를 호소하고 있는가 보다.

뒤돌아보기조차 싫은 구한말의 비참한 역사이다. 그러나 그 비참한 역사의 교훈을 잊지 않을 때, 역사는 가치로운 것. 우리는 지금 이 역사의 교훈을 잊어버리고 있는 것은 아닐까? 지나친 개인주의와 물질 숭배주의에 취해 있는, 우리 안중에 나라는 있으며 동포가 있기는 한가?

담석증 심한(간도 쓸개도 없는) 정객들은 물론이고 졸부에 이르기까지, 아들을 군(軍)에 보내면 무능한 부모가 되어버린 세상[53] 앞에, "동포여 동포라 하는 뜻을 깊이 생각하라"는 호소 정도로, 이 병이 치유될 수 있을 것인가?

1999년 5월 4일 화요일

52) 뼈대만 남은 앙상한 모습.
53)정치인들과 재력가들의 자녀들이 병력을 기피한 일로 지탄을 받았음.

52

이 몸이 한 번 났다 죽는 것은 예상사(例常事)라.
죽을 땅에 죽고 보면 났던 보람 이 아닌가?
만일에 초목동부(草木同腐)할 량이면 있어 무삼…?

〈옥림생〉

「이 몸이 한 번 세상에 태어났다가 한 번 죽는 것은 누구나 겪어야 할 예사로운 일이라. 그렇다면 이 땅에 나서 살다가 이 땅을 위해 죽는다면 이 땅의 백성으로 태어났던 보람이 있는 일이 아닌가? 그렇지 않고 나라의 위기를 보고도 초목같이 목숨에만 연연하다 썩어진다면, 그 구차한 삶에 무슨 뜻이 있으리오?」

1910년 3월 23일자 '대한매일신보' 에 옥림생(玉林生)이란 필명을 지닌 이가 실었던 시조이다. 당시는 한일합방이란 국치를 당하기 약 다섯 달을 앞둔 시기였다. 기우는 국운을 바라보면서 누란지위(累卵之危)에 처한 조국의 현실 앞에 이 땅의 백성으로서 죽음으로 나라를 지키겠다는 각오를 다짐하고 있다. 나아가 겨레의 애국 혼을 일깨우고 있다.

일제의 무자비한 강탈 앞에서 주권 국가의 모습을 잃어버리고 흐느적거리는 조국을 바라보는 지사들의 심정은 참으로 안타까웠을 것이다. 그러나 이렇게 조국 혼을 잃지 않았던 애국선열들이 계셨기에, 목숨을 건 독립투쟁을 해낼 수 있었고, 잃었던 조국을 되찾을 수도 있었다. 뿐만 아니라 이런 뜨거운 조국혼이 이어졌기에, 6 · 25 사변 같은 전란에서도, 수많은 희생을 감내해내면서 소중한 자유를 지킬 수가 있었다.

어제는 이렇게 조국을 위해 순국하신 호국 영령들의 높은 뜻을 기리고 감사하는 '현충일' 이었다.

이 때를 기해, 우리는 이 분들의 거룩한 뜻을 어떻게 이어왔으며, 또 보답해 왔는가를 반성할 일이다. 산화하신 영령들은 고사하고, 독립 운동가들의 가족과 후손들, 그리고 6 · 25 상이용사들을, 우리는 얼마나 우대해 왔는가? 애국이란 말을 역사적 언어로만 생각하고, 나라를 위해서는 손가락 하나 꼼짝하기를 싫어하는 우리들은 아닌지…?

호국영령들 앞에 고개 숙여 반성하고 감사하면서, 또 냉철한 각오를 다져야 할 것이다. 빛나는 조국의 내일을 건설하기 위해. '멋진 1세기, 찬란한 새천년' 을 대비하겠노라고…….

1999년 6월 7일 월요일

53

높으나 높은 남게 날 권(勸)하여 올려 두고.
이 보오 벗님네야 흔들지나 말으시소.
나려져 죽기는 싫지 않아도 님 못볼가 하노라.

〈이양원〉

「높고도 높은 나무에 부덕하여 오르기를 사양하는 나를 그렇게도 강권하여 올려 놓았으면, 이보시오 벗들이여, 설령 나를 도와주지는 못할 망정 올려놓은 자리에서 떨어뜨리려고 흔들지나 마십시오. 내가 떨어져서 죽는 것은 싫지가 않은 일이나, 나라 일로 애태우시는 임금님을 보필해드리지 못할까를 두려워하노라.」

선조 때, 작자는 중신들의 추천으로 영의정의 중책을 맡았으나, 주위 사람들이 그를 보좌하기는커녕 모함을 일삼아 자신들의 당쟁의 수단으로 삼는 풍토를 개탄한 시조이다.

모두가 조정의 신하로서 또는 백성으로서 국난에 처한 나라의 위태로움을 극복하려고 노심초사(勞心焦思)하는 데 반해서, 간신배들은 당파싸움만을 일삼는 데 대한 분노와 원망이 시적으로 승화되어 있으며, 조삼모사(朝三暮四)한 세상 사람들의 인심을 개탄하고 있다.

우국연주(憂國戀主)의 정으로 피를 토하고 죽을 만큼 강직하고 청렴결백했던 작자가 우리 민족성의 한 단점을 지적하고 이를 깨치려는 가르침이리라.

우리는 크든 작든 간에 어느 집단에서나 우두머리가 되기를 좋아한다. 그래서 혼자서 하는 구멍가게 주인도 사장이라 불리기를 좋아한다. 내가 올라야만 한다고 생각하다보니 남이 오르는 것을 보지 못하고, 협조하고 성원하기보다는 오른 이를 흔들기를 좋아한다.

우리는 각 정당들의 대통령 후보들의 경선 과정을 보았고, 현 대통령을 본다. 또한 위기에 처한 기업주들을 본다. 사람은 누구나 완벽하지 않다. 잘 하는 일도 있고 잘 하려다 잘못 하는 일도 있을 수 있다. 그 경중을 가려서 그를 평가해야만 할 것이다.

'남아공' 에는 아직도 흑백, 흑흑, 빈부간의 갈등이 해소되지 않았다. 그런데도 그들은 '만델라' 를 세계적인 지도자의 위치에서 끌어내리지는 않았다. 평생 동지로서 수십 년간 자신의 옥바라지를 한 부인과 이혼하고, 이웃 나라 전임 대통령의 부인과 염문을 뿌리는 데도 말이다.

우리는 우리들의 지도자들에게 얼마나 협조했으며, 얼마나 그들을 흔들었는가?

1999년 6월 14일 월요일

54

오늘이 오늘이소서 매일(每日)에 오늘이소서.
저물지도 새지도 말으시고,
매양에 주야장상(晝夜長常)에 오늘이 오늘이소서.

〈작자미상〉

「오늘이소서, 오늘과 같은 날이소서. 매일 매일 오늘과 같은 날이소서. 오늘같이 좋은 날은 아예 저물지도 새지도 마시고, 늘 밤낮 가릴 것 없이 영원히 오늘 같은 오늘이소서.」

더할 수 없이 기쁜 날을 맞아 오늘 같은 날이 저물지도 새지도 말고 계속되기를 기원하고 있다. 불가능한 일이다. 이 불가능한 일을 기원하는 형식을 통해 오늘의 기쁨이 비길 바 없음을 강조하고 있다. 우리 시조 중 이렇게 송축(頌祝)의 대상을 드러내지 않으면서 순수하고 진솔하게 즐거움을 토로한 시조는 드문 편이다. 애(哀)와 한(恨)이 많았던 우리 선조들에게도 이렇게 행복했던 날들은 있었던 모양이다.

이 시조의 비할 데 없는 기쁨에다 후대의 광복이 주는 기쁨을 대입해보면 어떨까?

내일은 쉰두돌째 맞는 광복절이다. 52 년[54] 전 우리 겨레가

54) 2010년에는 예순네 돌이 되는 해 곧 64 년 전이다.

그날에 맞았던 가슴 터지던 감격을 오늘의 우리가 어찌 헤아리기나 하겠는가? 다만 짐작컨대 그날의 감격과 기쁨이야말로 이 시조와도 같은 감격이 아니었을까? 지어진 연대와 그 대상은 달라도 기쁨과 감격을 잊지 않고 오래도록 간직하고 싶은 심정을 노래한 점은 매일반일 듯 하다.

심훈은 광복의 날을 기다리며 이렇게 노래했다. “그날이 오면, 그날이 오면 / … 한강물이 뒤집혀 용솟음칠 그날이 / 이 목숨이 끊기기 전에 와 주기만 하량이면 / … 종로의 인경(人定)[55]을 머리로 들이받아 울리오리다. / 두개골이 깨어져 산산조각이 나도 / 기뻐서 죽사오매 오히려 무슨 한이 남으오리까?” 라고…….

얼마나 긴 36 년간 이었는가! 얼마나 많은 희생으로 쟁취한 날이었는가! 그 날의 그 깊고 큰 감격과 뜻을, 오늘의 우리는 얼마나 잊지 않고 이어가고 있는가?

1997년 8월 14일 목요일

55) 조선시대에 밤늦게 다니는 것을 금하기 위해 밤 10시 경에 쇠북을 스물여덟번씩 치던 일.(여기서는 그 쇠북을 가리킴)

부귀 경계 (富貴警戒)

우리 선인들은 자연을 벗하며 분수에 따라
본성을 지키며 사는 삶을
더 귀한 삶이라고 여겨 이를 숭상해 왔다.
그래서 청빈(淸貧)을 기리고
은둔(隱遁)과 귀은(歸隱)을 귀하게 여겼다.
그들은 애초에 재물과 권세를 탐하지 않았고
가지지 않았으니, 잃을 것이 없었다.
다만 자연의 가르침을 좇아
인간의 성정(性情)을
지키고 살 뿐이니, 참삶,
인간다운 삶이 소중할 뿐이었다.
그들은 삶을 멀리 보고 넓게 보고 살았다.
앞(선인들의 삶)도 보고,
뒤(뒤를 이어올 후손들)도 보고,
옆(더불어 사는 사람들)도 보면서 살았다.

55

환욕(宦慾)에 취한 분네 앞길 생각하소.
옷 벗은 어린아이 양지곁만 여겼다가,
서산에 해 넘어가거든 어찌하자 하는다.

〈김수장〉

「벼슬에 대한 욕심에 취해, 윗자리만 탐하고, 이를 잘못 누리기만 하는 이들이여, 눈을 들어 자신의 앞길도 좀 생각해 보시오. 발가벗은 어린아이가 언제나 따뜻한 양지쪽일 줄로만 알았다가 해가 지고 난 뒤에 추위에 떨듯, 그 권세가 다하고 난 후에는 어찌하려 그러십니까?」

작자 김수장은 조선 숙종 때에 이름난 가인(歌人)이다. 그는 가인으로서 궁중의 연회며 벼슬아치들의 연회에 수없이 참여하는 기회를 가졌다. 그러면서, 그는 한때 천하를 주름잡던 세도가들의 비참한 말로를 무수히 보아왔다. 그래서 그는 벼슬에 있는 자들이 지녀야 할 자세를 지적해 주고 싶었을 것이다.

이제 서산에 해가 중천에 이르렀다. 문민정부 곧 김영삼 정부의 임기가 얼마 남지 않은 시기이다. 어느 시기나 간에 권세가 기울게 되면 그간 가려졌던 비리가 드러나게 마련이다.

해가 지고 난 뒤를 벌써 염려하는 국민들이 많은 실정이다.

자, 이제 밖으로만 휘두르던 변화와 개혁의 칼날을 안으로 돌려 아픈 살을 과감히 도려내고 자정(自淨)할 일이다. 부정부패로 천하를 내준 장개석도 곪은 제 살을 도려내고서야 중국의 역사에 다시 살았다.

제 살을 도려내는 아픔이 있고서야 국민과 역사는 다시 업적들을 평가할 것이며, 해 넘어 간 뒤가 따뜻하고 떳떳할 것이다.

1997년 4월 26일 토요일

56

공명(功名)을 즐겨 마라 영욕(榮辱)이 반이로다.
부귀(富貴)를 탐치 마라 위기(危機)를 밟나니라.
우리는 일신(一身)이 한가(閑暇)하니 두려운 일 없어라.

〈김삼현〉

「공을 세워서 이름을 세상에 드날리는 일을 좋아하지 말아라. 영광도 있지만 또한 욕됨도 있느니라. 부귀를 탐내지 말아라. 반드시 위험한 일이 닥치느니라. 우리는 아무것도 탐하지 않아서 일신이 한가하니 두려운 일이 없도다.」

세상 사람들이 공명과 부귀를 탐함을 경계한 시조이다. 작자 김삼현(金三賢, 肅宗朝)은 벼슬에서 물러난 후 초야에 묻혀 한거(閑居)를 몸소 실천한 분이다. 당쟁과 사화와 옥사가 거듭되는 난세를 만나서, 공명도 부귀도 허망한 것임을 자신이 직접 체득한 후, 자기 자신과 선비들에게 경계의 염(念)을 갖게 하려는 의도로 쓴 작품인 듯하다.

지금 우리는 대선후보 주자들의 각축을 보고 있다.[56)]

권력은 인간의 가장 강한 욕망의 대상이라 할 것이다. 조그마

56) 김영삼 대통령의 문민정부 말이었으므로, 여야 정당에서는 자당의 대통령 후보 경선이 한창일 때였다.

한 벼슬을 향한 욕망도 한이 없을 진데, 하물며 대권이란 절대 권력에 있어서야! 실로 동서고금의 크고 작은 전쟁과 난리는 이를 빼앗고 지키고 더 크게 하려는 데서 비롯되었다고 해도 과언이 아니다.

권력 [大統領]을 얻어, 잘만 쓴다면 이는 인간으로 더할 수 없는 대업(大業)을 성취시킬 수 있는 원동력이요, 국가와 민족을 흥하게 하고 복되게도 할 수 있는 놀라운 보검(寶劍)이라 할 것이다. 실로 나라와 겨레가 나아갈 역사의 물꼬를 바로잡아놓을 수 있는 수단이라 할 것이다. 그러나 그 보검을 잘못 쓴다면 그 검이 큰 만큼 화도 또한 큰 법이다.

참으로 그 검은 잘 쓰기가 어려운 모양이다. 지금까지의 우리나라 역대의 대통령들은 안타깝게도 그 끝이 영예롭지 못했다. 이렇게 부귀공명은 욕이 많이 따르는 것이기에 현자(賢者)들은 이를 피해 초야에 몸을 묻고 성정(性情)[57]을 지키고자 하였다.

국민들은 보검을 잘 써서 청사에 빛날 대통령이 나오기를 소망하고 있다.

1997년 7월 10일 목요일

57) 인간으로서 지켜야 할 기본 바탕. 선한 본성.

57

오면 가려하고 가면 오니 오네.
오노라 가노라니 볼 날이 전혀 없네.
오늘도 가노라 하니 그를 슬퍼하노라.

〈선 조〉

「오기가 바쁘게 가려하고 한번 가면 다시 올 줄을 모르는구나. 왔는가 하면 곧 가버리니 만나서 나라의 일을 의논할 길이 전혀 없구나. 오늘도 또 그대가 간다고 떨치고 나서니 그것을 슬퍼하노라.」

선조 5년 재상 노진(盧禛)이 벼슬을 사양하고 고향으로 돌아갈 때, 선조가 이 노래를 지어 은쟁반에 담아 중사(中使)를 보내 전했다고 한다.

옛 유자(儒者)들은 수신제가(修身齊家)한 후 출사(出仕)하여 자신의 도(道)를 나라와 천하에 펴는 일을 도리로 알고 이상으로 삼았다. 그러나 나라에 도가 있으면 나아가 덕(德)을 펴고, 나라에 도가 없으면 물러나 몸을 숨겼다. [天下有道則仕(천하유도즉사) 天下無道則隱(천하무도즉은)] 물론 벼슬하는 이 모두가 다 그렇지는 못하여, 정적을 치는 당쟁과 사화들이 없었던 것은 아니었다.

그러나 옛 우리 선조들은 벼슬에 나오기를 더디게 하고, 물러나는 것을 빨리함을 명분으로 삼았다. 자신과 길이 다르면 물러날 줄 알았고, 벼슬에 있으면서도 찬〔滿〕줄 알면 물러날 줄을 알았다. 그뿐만 아니라 임금의 부름을 받고도 부덕을 칭하며 나아가지 않은 명신(名臣) 또한 적지 않았다.

대선 정국'[58]이 혼미를 거듭하고 있다. 원칙도 룰도 정치적 소신도 명분도 체면도 없다. 몇 번씩이나 심판을 받은 사람[59]들도, 경선에 진 사람[60]들도 모두가 '나' 뿐이다. 그 아래 사람들이야 말해서 무엇하랴? 명을 잇기 위해, 출세를 위해 줄서기가 한창이다.

광복 후에 고관 · 선량들 중, 과연 몇 사람이나 스스로 물러난 이가 있었던가?

1997년 9월4일 목요일

58) 97년 대선 정국.
59) 김대중 후보.
60) 이인재 후보.

58

주문(朱門)에 벗님네야 고거사마(高車駟馬) 좋다마소.
토끼 죽은 후(後)면 개마저 삶기이나니,
우리는 영욕(榮辱)을 모르니 두려운 일 없어라.

〈김천택〉

「높은 벼슬을 하여 좋은 집에 사는 벗들이여, 네 필의 말이 끄는 높고 화려한 수레를 좋다고만 하지 마오. 토끼를 잡은 뒤에는 사냥을 도운 개마저도 삶김을 당하는 것이라오. 우리는 애초에 영광도 치욕도 없는 처지이고 보니, 아무것도 두려운 것이 없도다.」

벼슬하려는 사람과 벼슬자리에 있는 사람들에게 경계(警戒)하고, 벼슬길 보다는 은사(隱士)의 생활이 더 귀함을 노래한 시조이다.

사기(史記)에는 "蜚鳥盡良弓藏(비조진양궁장) 狡兎死走拘烹(교토사주구팽)"이란 말이 있다. 곧, '날짐승을 다 잡으면 좋은 활도 감추어지고, 토끼가 죽으면 달리던 개도 삶겨진다.' 는 말이다. 한비자(韓非子)에는 "狡兎盡則良犬烹(교토진즉양견팽) 敵國滅則謀臣亡(적국멸즉모신망)"이란 말이 있다. 이는 곧, '교활한 토끼를 다 잡으면 좋은 개도 삶겨지고, 적국을 멸하면 지략을 다한 신하도 죽음을 당한다.' 라는 말이다. 중장(中章)은 이를 인용해서 벼슬을 하는 이를 경계하고 있다.

높은 벼슬에 올라 공을 세우고 득세할 때에는 더할 수 없이 영화스럽기도 하지만 그 필요가 다하면 언제 버림을 받을지도 모르는 허망하고 무서운 것이 벼슬이라는 것이다. 그래서 벼슬에 나가지 않아 영욕(榮辱)과 아무런 관계가 없는 우리들은 버림받을 걱정이 없어서 좋다는 것이다.

환해풍파(宦海風波)[61]라 한 것처럼 당쟁과 사화가 거듭되는 시대에 살았던 우리 선인들에게는 벼슬이란 부럽기도 한 것이었지만, 또한 두렵기도 한 것이었다. 그래서 벼슬의 길을 멀리하고 은사의 길을 택하기도 했고, 스스로를 이렇게 자위하기도 했었다.

아, 언제쯤이면 우리들도 물러나는 이나 오르는 이가 모두 함께 박수 받는 날을 누릴 수 있을 것인가?[62]

1998년 3월 26일 목요일

61) 관리들의 사회에서 겪는 온갖 풍파.
62) 민주국가인데도 정권이 바뀌고 나면, 비리 척결이라는 바람이 불고, 앞 정권에서 권세를 누린 사람들이 감옥에 가는 일들이 허다하다.

59

귀거래(歸去來) 귀거래 말뿐이고 갈 이 없어.
전원(田園)이 장무(將蕪)하니 아니 가고 어쩔고?
초당(草堂)에 청풍명월(淸風明月)이 나며들며 기다리나니….

〈이현보〉

「돌아가련다 돌아가련다 하면서도 모두 말뿐이고, 정말로 돌아간 이는 없구나. 고향의 전원이 점점 거칠어 가는데 아니 돌아가고 어찌할꼬? 더구나 초당의 맑은 바람과 밝은 달이, 나며들며 내가 돌아오기를 기다리고 있는데.」

이 시조는 작자가 일흔 살에 고향으로 돌아갈 때, 한강의 송별연에서 지었다고 한다. 그리고 도연명의 귀거래사(歸去來辭)를 본 따서 지었다고 하여 효빈가(效嚬歌)라 한다.

우리 선인들의 자연시가(自然詩歌)에는 이처럼 귀은(歸隱)[63]을 노래한 것이 주류를 이루고 있으며, 그렇지 않은 자연시가도 그 바탕에는, 이 귀은 사상이 깔려 있음을 볼 수 있다.

이로 보아 전원으로 돌아가기를 동경하는 것은, 풍조처럼 노래되어 왔음을 알 수 있다. 그래서 벼슬에 있는 이도, 물러나는

63) 벼슬을 버리고 향리로 돌아와서 은둔 생활을 함.

이도, 벼슬을 하고자 하나 벼슬을 얻지 못하는 이도, 또한 벼슬에 뜻이 없어 아예 은둔(隱遁)하고 있는 이도 귀은을 노래해 왔음을 볼 수 있다. 그래서 실행이 적었다 하여 '가(假)[64]의 문학'이라고 평하기도 한다.

그러나 우리 선인들은 실로 귀은을 실행한 이가 많았다. 이 시조의 작자 농암(聾岩)이며, 퇴계(退溪), 율곡(栗谷) 등의 대유(大儒)들은 물론이고, 이름은 전하지 않으나 높고 낮은 벼슬을 하다 스스로 물러난 이가 많았다. 뿐만 아니라 아예 남명(南溟)처럼 벼슬을 아예 마다한 이도 많았다. 선조의 시조를 보면 "오면 가라하고 가면 아니 오네/…/오늘도 가노라 하니 그를 슬허 하노라"라고 노래했고, 성종도 "이시렴 부다 갈따 아니 가든 못할쏘냐…"라고 노래했다. 오죽하면 임금이 이런 시조들을 지어 신하들의 물러남을 아쉬워했을까?

그러나 오늘날처럼 명리(名利), 실용, 편의를 중시하는 물질만능의 시대에, 어찌 고향으로 돌아가자고만 할 수 있겠는가? 그러나 노숙자가 속출하는 이 시대에, 고향의 노부모와 묵은 땅과 빈집들이 뇌리에 떠오름은, 또한 미련하기만 한 생각일까?

1999년 1월 15일 금요일

64) 거짓 가.

60

있노라 즐거워 말고 못 얻노라 슬퍼마소.
얻은 이 우환(憂患)인 줄 못 얻은 이 제 알손가?
세상에 얻을 이 하 분분(紛紛)하니 그를 우스워 하노라.

〈이정보〉

「재물이 많다고 너무 즐거워하지 말고 재물을 얻지 못한다고 슬퍼하지 말아라. 재물을 많이 가진 사람들은 그 재물로 인해 근심 걱정이 많다는 것을, 가난한 사람이 어찌 알겠는가? 세상 사람들은 재물이 도리어 화가 될 수도 있음을 모르고, 이를 얻고자 하는 사람이 많아 세상이 크게 뒤숭숭하고 시끄러우니 그것을 우스워 한다고 했다.」

오늘에 사는 우리들은 재물만이 지고지선(至高至善)인양 배금사상에 젖어, 가치관의 혼돈으로 삶의 진정한 의미를 잃어가고 있는 것은 아닌가? 조금 가진 자는 졸부의 행색에서 벗어나지 못하고 흥청망청하는 품이 두려울 정도이다. 반쪽의 동포들은 굶어서 죽어간다는 데도 반쪽에선 음식찌꺼기가 처치 곤란이고, 멀쩡한 가구나 가전제품을 내버리고는 고급품 외제며 명품만 좋아라하니 하늘이 무섭다.

이제 우리도 60~70년대에 피땀을 흘린 대가로 밥은 먹고 살 만하게 되었다. 그런데도 족할 줄 모르는 배금주의(拜金主

義)[65] 가치관의 팽배로 상대빈곤에 괴로워하고, 가진 자를 적대시하기에 이르렀다. 그래서 제 밥그릇 채우기에 아귀다툼이다. 가진 자는 윤리와 겸손과 사랑 베품이 없고, 못 가진 자는 족한 마음과 소박함이 없다.

50년대까지만 해도 여기에는 윤리가 있었다. 부자들도 흉년이 들어 이웃 사람들이 나물죽으로 연명을 해야 할 처지가 되면, 제 곡식을 두고도 밥을 해먹지 않고 죽을 끓여 먹었다. 이웃들은 굶는데 하얀 쌀밥만을 해먹지는 못했던 것이다. 가난한 자들도, 제 것 제가 쓰고도 욕먹는 지금의 부자들보다, 흥청거리지 않는 부잣집에 대해서 적대감을 갖지는 않았다. 그저 부지런히 일해서 가난을 벗어나려고 새벽에 일어나 개똥을 줍고[66] 나무를 해다 팔았을 뿐이다.

이제 앞만 보고 살아오던 우리의 삶을 한번 쯤 되돌아 볼 때다. 얻기만을 위해 분분한 우리가 우습지 않은가!

1997년 3월 29일 토요일

65) 돈이나 돈의 힘을 가장 소중한 것으로 여기어서 그것에 집착하는 주의.
66) 퇴비로 쓰기 위해서 개똥을 주웠음.

61

묻노라 부나비야 네 뜻을 내 몰래라.
한 나비 죽은 후(後)에 또 한 나비 따라온여.
아무리 푸새엣 짐승인들 너 죽을 줄은 모르는다?

〈이정보〉

「불을 보고 달려들어 그 불에 타 죽어 가는 불나비들, 앞의 놈이 타 죽는 것을 뻔히 보고서도 또 다른 불나비가 달려드니, 그런 불나비들이여, 네 속을 나는 알 수가 없구나. 아무리 하잘 것 없는 벌레일지라도 제 죽을 줄을 왜 모른다는 것인가?」

불에 달려들어 타 죽는 불나비를 노래해서, 벼슬자리에 있다가 당쟁이나 모함으로 피를 본 앞 사람들을 익히 보면서도 벼슬이 좋다고 맹목적으로 벼슬을 좇는 세상 사람들을 경계한 시조이다.

이 시조가 주는 가르침은 오늘날의 우리들이 출세제일주의, 황금만능주의에 젖어 위로만 향해 치닫는 삶과 인생관, 세계관을 되돌아보게 하는 것이라 할 것이다. 그런가 하면, 오늘날 지탄을 받고 있는 일부 지도층의 처세를 질타하고 있는 듯도 하다.

권불십년(權不十年)이란 말이 있지만 지금 우리는 권불오년이다. 그런데도 그 이전은 차치하고라도 5·6공의 비리를 비난,

척결하면서 등장한 문민정부의 관리들이, 그들도 다시 비리에 연루되어 감옥에 가더니, 또 이들을 단죄하면서 등장한 국민의 정부에서도 정권 내내 밍크목도리 게이트 등 비리로 얼룩졌는가 하면, 정권 말미에는 대통령 측근들과 세 아들들이 줄줄이 비리에 연루되어 형을 살았다. 가장 깨끗한 척하면서 호들갑을 떨던 참여정부 관리들도 정권 내내 비리로 세상을 요란하게 하더니, 그들이 추앙하던 대통령까지도 비리에 연루되어 자살을 하고 말았다.

앞 정권 비리 인사들의 초라한 모습들을 자신들의 교훈으로 삼지 못했다. 어리석게도 불나비가 자신이 죽는 줄도 모르고 또 다시 불로 뛰어들 듯, 비리의 불로 뛰어든 이들을 좇아서 뒷 정권의 관리들도 수뢰의 불로 뛰어들고 말았다.

세상이 온통 난장판이다. 대통령이 비리로 자살하는 나라다. 국민의 분노가 탱천(撑天)[67]할 지경이다. 현 정권의 관리들에게 권한다. 비리의 불로 뛰어들었던 선배들의 전철을 밟지 말라고. 허(虛)와 무(無)와 공(空)도 생각해보라고 ….

그러나 비난만 할일이 아니다. 그들도 외국에서 수입한 용병들이 아니다. 바로 우리들의 모습이다. 흥분과 질타에 앞서 반성과 개선의 길을 찾을 일이다.

1997년 4월 12일 토요일

(당시 글에 몇 자 첨삭이 있음)

67) 높이 솟아 하늘을 찌름.

62

대추 볼 붉은 골에 밤은 어이 듣들으며,
벼 벤 그루에 게는 어이 내리는고.
술 익자 체 장사 돌아가니 아니 먹고 어이리.

〈황 희〉

「대추가 빨갛게 익은 골짜기에 알밤이 익어 떨어지고 벼를 베어낸 그루터기에는 살진 게가 엉금엉금 기어 나오는 구나, 대추와 밤을 줍고 게를 잡으니 술안주 감이 생긴 셈인데, 술이 익자 때마침 체 장수까지 지나가니, 새 체로 술을 걸러 먹지 아니하고 어찌하겠는가.」

작자 황희는 조선 태조~세종 대에 벼슬하여 영의정에 이른 이로서 성품이 청렴 원만하고 너그러워 어진 재상(宰相)으로 숭앙을 받았던 인물이다.

이 시조는 가을의 흥겨운 정경을 그려서 세상이 태평성대임을 드러내 보이고자 한 것이다. 그러나 우리는 여기서 작자의 몸에 밴 청빈(淸貧)을 읽을 수 있다. 한 나라의 재상을 오래 지낸 이로서 그가 흡족해 하는 술안주라는 것이 기껏 대추, 밤, 게가 고작이다.

이렇듯 우리 선인들은 청빈을 이상으로 여겼고, 안빈낙도(安貧樂道)하는 삶을 살고자 했다. 그들은 재물을 부운(浮雲)과 같이 보았고 오히려 이를 멀리하고자 했다.

오죽하면 훗날의 최남선은 재물을 모르는 우리 겨레에게 '재물론(財物論)'이란 글을 써서 재물의 소중함을 깨우치려 했을까? 그는 재물론에서 네 가지를 가르치고 있다. "재물은 얻기가 어렵고, 모으기가 어려우며, 쓰기가 어려운데, 그중 어렵고 어려운 일은 재물을 가치롭게 잘 쓰는 일"이라고 하였다.

요즘 우리는 가치관의 전도로 오히려 배금주의가 만연된 세상에 살고 있고 이를 개탄하기도 한다. 그러나 새삼 재물의 위력을 실감하기도 한다.

반세기에 걸친 분단의 장벽을 재물이 뚫었다. 정치 재물이 뚫었다. 부디 소와 함께 간 정씨의 이번 방북[68]이 통일의 물꼬를 트는 선용지사(善用之事)[69]가 되기를 기대해 본다.

1988년 6월 19일 금요일

68) 정주영씨가 당시에 소를 끌고 방북한 일을 말함.
69) 가치롭고 바르게 잘 사용하는 일.

63
천산(天山)의 뻗은 칡이 이 내의 입을 것이요,
만산(萬山)의 돋은 지초(芝草) 이 나의 먹을 것이,
입을 것 먹을 것 있으니 분별없어 하노라.

〈작자미상〉

「온갖 산에 뻗은 칡 이것이 내가 입을 것이로다. 온 세상의 산에 돋아난 버섯 이것이 내가 먹을 것이로다. 이렇게 입을 것, 먹을 것 있으니 그 밖의 세상이 돌아가는 일이야 내가 알 바가 아니로다.」

삼이나 목화나 명주로 만든 값진 비단 옷이 아니라 칡덩굴을 찢어서 만든 갈포(葛布)[70]라도 있으니 몸을 가릴 수 있어 족하고, 산해진미 기름진 음식이 요긴한 것이 아니라 버섯이나 산나물일망정 배를 채울 수 있으니 이것으로 흡족할 따름이다. 그러니 그 밖의 벼슬이나 재물 같은 세상의 번거로운 일에 얽매이지 않으니 여기에 넉넉함이 있다.

못난 자의 변명이나 자위가 아니다. 참으로 우리 선인들은 이렇게 살기를 원했고 실로 그렇게 살아왔다. '지족가락(知足可樂)' [71]그것은 조선시대 지식인들이 지녔던 하나의 귀한 정신 세

70) 칡 등굴에서 섬유를 얻어서 짠 베.
71) 족함을 알아서 즐거워 함.

계였고 신념이었다. 이것은 이론만으로 미치지 못할 생활의 경험과 세계관의 집적(集積)에서만이 가능한 것이었다. 초근목피로 연명하고 살아도 족함과 당당함과 여유로움을 잃지 않았다. 그것은 다른 이와 견주지 않았기 때문이다.

오늘 우리는 참으로 어려움에 처해 있기는 하다. 실업이다, 불황이다. 모두가 못 살겠다고 아우성이다. 이 위에 자연 재해(自然災害)[72] 까지 겹쳐 끼니를 잇기도 어려운 사람이 생기기도 했다. 그러나 지금 우리는 이런 어려움에 처한 이들만 불행한가? 그렇지 않다. 모두가 불행하다. 그것은 눈과 마음을 안으로 돌리지(知足可樂) 않고 남과 비교하고 위로만 보기 때문이다.

일자리가 있고 밥은 먹는 자가 하는 배부른 소리인지는 몰라도 선인들에 비해서는 그래도 지금의 우리가 여유롭지 않은가? 그러니 스스로 족한 마음을 가진다면 조금이라도 덜 불행하지 않겠는가!

1998년 8월 21일 금요일

72) 폭우로 인한 홍수 피해.

64

빈천(貧賤)을 팔려하고 부귀문(富貴門)에 들어가니,
치름 없는 흥정을 뉘 먼저 하자 하리?
강산(江山)과 풍월(風月)을 달라 하니 그는 그리 못 하리.

〈조찬한〉

「가난하고 천하게 사는 일이 힘들어서, 그것을 팔려고, 부유하고 귀한 집안을 찾아갔더니, 치름이 없는 흥정, 곧 불리한 흥정을 그 누가 먼저 하려고 하겠는가? 그러던 차에 강산과 풍월을 달라고 하니, 그것만은 절대로 그렇게 하지 못하리로다.」

빈천을 좋아할 사람은 아무도 없다. 그러나 강산 풍월을 벗하여 그 속에서 지락(至樂)을 누리고 사는 사람의 눈에는 세상의 부귀나 권세란 한낱 부운(浮雲)과 같은 것이었다. 따라서 이 시조는 부귀를 부러워하는 시조라기보다는 청복(淸福)[73]을 누리는 자신의 삶이 더 행복하고 값진 삶임을 확인하는 시조이다.

우리 선인들은 자연을 벗하며 분수에 따라 본성을 지키며 사는 삶을 더 귀한 삶이라고 여겨 이를 숭상해 왔다. 그래서 청빈(淸貧)을 기리고 은둔(隱遁)과 귀은(歸隱)을 귀하게 여겼다.

그들은 애초에 재물과 권세를 탐하지 않았고 가지지 않았으

73) 부유하진 않지만 맑고 한가한 복.

니, 잃을 것이 없었다. 다만 자연의 가르침을 좇아 인간의 성정(性情)을 지키고 살 뿐이니, 참삶, 인간다운 삶이 소중할 뿐이었다.

그들은 삶을 멀리 보고 넓게 보고 살았다. 앞(선인들의 삶)도 보고, 뒤(뒤를 이어올 후손들)도 보고, 옆(더불어 사는 사람들)도 보면서 살았다.

오늘날의 우리들은 무엇을 보면서 사는가? 오직 눈앞의 재물과 자리를 탐하면서 살 뿐이다. 그것이 삶의 전부이다. 전후좌우를 돌아볼 겨를이 없다. 그래서 그것을 잃으면 인생의 전부를 잃어버리는 것이다. 그래서 부도(不渡)가 나면 자살을 하고, 직장을 잃으면 가족 동반 자살을 하는 것이다.

물질만의 추구에서, 얻은 것은 무엇이며 잃은 것은 무엇인가?

자연을 찾고, 전원을 찾고, 인간을 찾는 일은 과연 패배자의 길인가?

1998년 3월 19일 목요일

65

오늘도 다 새거다 호미 메고 가자스라.
내 논 다 매거든 네 논 좀 매어 주마.
올 길에 뽕 따다가 누에 먹여 보자스라.

〈정 철〉

「오늘도 날이 다 새었다. 어서 일어나 호미를 메고 논밭으로 나가자구나. 서둘러 일을 해서 내 논을 다 매고나면, 또 네 논도 함께 매어주마. 그리고 돌아오는 길에는 그저 돌아오지 말고 부지런히 뽕잎을 따와서 누에를 먹여서 길러나 보자.」

송강이 강원감사로 있으면서 도민을 가르치기 위해 지은 훈민가(訓民歌), 일명 경민가(警民歌) 16 수 중 열세 번째 시조이다. 어쩌면 서로 헐뜯기만 하는 당쟁을 한탄해서 읊은 시조라고도 할 것이다.

이른 아침부터 논밭에 나가 김을 매자는 것은 근면을 가르치고, 내 논을 다 매고는 네 논을 매어 주겠다는 것은 협동과 상부상조의 정신을 강조한 것이다. 또 돌아오는 길에는 그저 쉬지 말고 뽕을 따다 누에를 치자고 하였으니, 이는 곧 부업을 겸한 다각농(多角農)[74]을 권장하는 것이다. 이것이 옛 우리 농촌의

74) 여러가지 농업을 겸해서 하는 농업.

상부상조하며 살아온 참모습이다.

이 시조의 가르침이야말로 오늘날 우리의 경제 되살리기에 꼭 알맞은 처방이다. 우리는 지금 세계적 경제위기에 편승되어 경제위기를 겪고 있다. 정부와 기업들은 위기극복을 위한 노력을 하고 있다. 그러나 전 국민적 협력과 동참이 아쉬운 실정이다.

그런데도 당쟁은 그치지 아니하고, 노동운동은 극단으로 치닫고, 친북좌익세력이 세를 불려가며 나라를 뒤흔들고 있다.

우리는 할 수 있다. 정신을 차리는 것이 중요하다. 60~70년대의 그 열악한 경제 여건 속에서도 무에서 유를 창조한 우리들이다. 오늘날 우리 경제가 처한 상황이 아무리 어렵다고 해도 당시의 여건과는 비교할 바가 아니다. 비벼볼 언덕은 있는 상태다. 다만 국민적 합의와 태도가 문제이다.

자! 이 시조의 가르침을 좇아, 위기를 극복하려는 우리 경제를, 우리 모두 힘을 모아 다시 세우자. 새벽에 출근해서 밤늦게까지 일하던 60년대의 근면을 되찾아 생산성을 높이고, 사치와 낭비를 몰아내자. 나 혼자만 잘 살려 하지 말고, 상부상조의 정신으로 노사가 협동하자. 부당하게 물가를 올리지 말자. 치열한 경쟁과 급속히 변화하는 세계적 경제전쟁 속에서 낡은 산업 형태를 고집하지 말고, 올 길에 뽕을 따다가 누에를 치듯 창의력을 발휘하자. 그래서 살아남을 수 있는 새로운 벤처 산업을 창안하자.

오늘의 경제를 살리는 길도, 조상들은 오래 전에 가르쳤다.

1997년 4년 5일 토요일

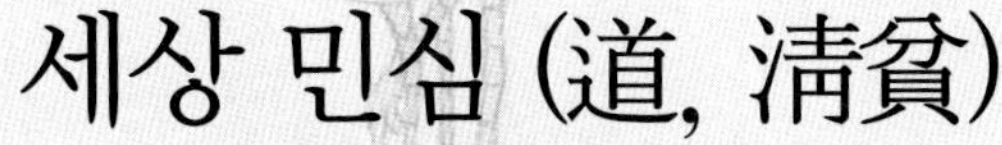

세상 민심 (道, 淸貧)

우리는 이렇게 귀한 우리의 정신을 잃어 버렸다.
나를 잃어버렸다.
마침내는 중심이 없는 경제 동물이 다 되어 버렸다.
윤리가 무너지고 도덕성이 증발되고 양심을 잃게 되었다.
물질의 풍요만이 잘 사는 길인 줄로 알았는데, 와서 보니
행복의 지수와는 일치하지 않더라.
이런 후회만으로 오늘을 방치만 할 것인가?

66

순풍이 죽다 하니 진실로 거짓말이.
인성이 어지다 하니 진실로 옳은 말이.
천하에 허다 영재를 속여 말씀할까.[75]

〈이 황〉

「요순시절같이 순박하던 풍속이 소멸되었다는 말은 진실로 옳지 않은 말이다. 때때로 가려질 때가 있을 뿐, 순풍은 인간의 삶과 함께 이어져 오는 것이다. 그러니 우리는 반드시 순박한 풍속을 되살려야만 할 일이다. 세상 사람들이 사악해 보이나 사람의 본성이 어질다고 하신 맹자의 말은 진실로 옳다. 그러므로 사람 된 이는 마땅히 본성을 되찾아야 할 것이다. 내 어찌 밝은 세상 사람들을 속여 말하겠는가.」

뜻이 깊은 가르침이다. 오늘날의 세상도 개탄하는 눈으로 보면 개탄스런 일들뿐이다. 도덕과 윤리며 법과 질서가 허물어져 보이고, 부정이 만연하고, 이웃도 모르는 이기심만 가득 찬 것으로 보이기도 한다. 그러나 눈을 돌려 세상을 밝은 눈으로 살

75) 이황(李滉 · 1501 ~ 1570, 성리학자)의 陶山十二曲 前 六曲 가운데 세째 수이다.

펴보면 야박하고 사악하기만 한 것은 아니다.

드러나지는 않지만 불우한 이웃을 돕는 따뜻한 온정의 미담을 접하기는 어렵지 않다. 세상에는 선한 사람 착한 사람이 더 많은 법이다. 부정을 저지르는 사람이 많아 보여도 오히려 박봉에도 부정을 모르고 묵묵히 자신의 업무에 충실한 이가 더 많은 법이다. 그래서 이 세상이 유지되는 것이다.

'돼지의 눈에는 돼지만 보인다.' 했던가? 세상을 선한 눈으로 보자. 세상 사람들이 모두 악해서 나도 같이 악하지 않으면 손해 본다고 생각하지 말고, 세상 사람들이 모두 선한데 내가 선하지 못해서 세상을 흐리게 한다고 생각하고 고치자.

순풍(淳風)이 살아나고 인성(人性)이 선하다는 것이 드러나지 않겠는가?

1997년 3월1일 토요일

67

세상 사람들이 입들만 성하면서,
제 허물 전혀 잊고 남의 흉만 보는구나.
남의 흉 보거라 말고 제 허물을 고치과저.

〈작자미상〉

「세상 사람들이 입들만 살아서 자신의 허물에는 관대하면서도 남의 허물은 침소봉대하여 헐뜯기만 하는구나. 남의 흉만 보지 말고 먼저 자신의 허물을 찾아 이를 고치자.」

이 시조는 자신은 반성할 줄 모르면서 남의 시비만 좋아하는 사람들을 경계하는 시조이면서, 상대 당파만 헐뜯는 당쟁을 한탄해서 읊은 시조라 할 것이다.

참으로 오늘의 세태를 꼬집어 꾸짖는 듯하다. 오늘이야말로 '제 눈의 들보는 못 보면서도 남의 눈의 티는 잘 보는 세상', 'x 묻은 개가 겨 묻은 개를 흉보는 세상'이라 할 것이다.

건강한 비판은 민주주의의 꽃이다. 바른 언로(言路)[76]는 나라를 구하지만 그것이 왜곡되면 나라가 망한다.

누구든 걸리면 물어뜯고 짓이겨야 직성이 풀릴 듯한 오늘의 세태를 보라. 근거야 있건 없건, 누구야 죽건 살건, 나라야 흥하

76) 의사 소통의 길.

건 망하건 내 알 바 아니다. 극한의 어투로 핏대를 세우고 물어뜯으면 그 뿐이다. 국회고, 정당이고, 언론이고, 이권단체고, 아니 종교까지도 모두 이성을 잃었다. 오직 폭로와 쟁취만이 있을 뿐이다. 교화와 설득과 타협은 설 자리가 없다. 흑 아니면 백, 전부가 아니면 전무이고, 아군 아니면 적이다. 정치가 그렇고 사회운동이 그렇고 노동단체가 그렇다. 중간적 존재나 가치는 인정되지 않는다.

죄 있는 자는 벌을 주자. 감정을 죽이고 법리로써…. 물어뜯는 통쾌함과 반사이익 뒤에는 뜯긴 자의 아픔이 있음도 생각하자.

우리는 어디로 가고 있는가! 21세기는 어찌하고, 선진국 진입은 어찌하고, 통일은 누가 어찌하려느냐? 대안을 제시하는 이는 하나도 없다.

시비만이 능사가 아니다.

1997년 3월 15일 토요일

68

봄이 가려하니 내라 혼자 말릴손가?
다 못핀 도리화(桃李花)를 어찌하고 가려난다?
아희야 덜 괸 술 걸러라 가난 봄 전송(餞送)하리라.

〈작자미상〉

「봄이 가려하니 나라고 혼자 힘으로 말릴 수 있으랴. 미처 못 다 핀 복숭아꽃과 오얏꽃은 어찌하고 가려 하는가. 아이야, 아직 덜 익은 술이라도 걸러 내려무나. 가는 봄을 아쉬워하며 술로 마음을 달래기라도 하련다.」

이 시조는 봄을 떠나보내는 애석한 마음, 곧 석춘(惜春)의 정을 노래하고 있다. 이는 음미하기에 따라 아름다운 계절인 봄이 지나감을 아쉬워하는 심정을 노래한 것이라고 볼 수도 있겠고, 새로운 소망과 희망을 갖게 하던 계절(때)이 그 기대함을 이루지 못하고, 폭풍에 휘갈겨져 사라져 감을 안타까워하는 내용일 수도 있겠다. 중장과 관련해 볼 때 후자에 더 무게가 간다 할 것이다.

3, 4, 5월을 봄이라 할 때, 금주는 5월의 마지막 주이다. 금년의 봄은 우리 국민들에게 그야말로 춘래불사춘(春來不似春)[77]

77) 봄이 와도 봄이 온 것 같지 않음.

바로 그것이었다. 변화와 개혁 위에 세계화, 선진화로 경제대국, 정보·과학대국을 이루려던 1997년 봄의 꿈, 곧 도리화(桃李花)[78]는 한보비리와 정쟁의 태풍[79]에 갈기갈기 찢겨져 버렸다. 경제가 휘청거리고 민심이 흉흉하다. 찢겨진 봄이 가버리는 아쉬움 위에, 오는 여름마저도 시원하게 맞을 수 있을 것 같지도 않다.

이렇게 우리끼리 비리와 정쟁의 시궁창에서 이전투구(泥田鬪狗)[80]만 일삼다가는 통일의 기회도, 선진화의 기회도 모두 다 잃어버리고, 또 다시 네 탓 내 탓만을 따지다가 세계사의 흐름에서 뒤처지지나 않을까가 두렵다.

1997년 5월 29일 목요일

78) 복숭아꽃과 오얏꽃.
79) 당시에 한보철강 비리에 연루된 관리들과 정치인들 문제로 인해 정국이 소용돌이침으로써 나라에서 계획했던 주요 국정과제들이 표류했다. 지금도 이명박 정부가 야심차게 제안했던 '한반도 대운하' 등 국운을 좌우할 국정현안들이 분란과 반대로 수정되거나 흐지부지 되는 일이 적지 않다.
80) 진창에서 싸우는 개라는 뜻으로, 볼썽사납게 서로 헐뜯거나 다투는 모양.

69

일생에 한(恨)하기를 희황시절(羲皇時節) 못난 줄이,
초의(草衣)를 무릅쓰고 목실(木實)을 먹을망정,
인심이 순후(淳厚)하던 줄을 못내 부러 하노라.

〈최 충〉

「일생에 걸쳐 항상, 태고태평시절 [伏羲氏] 에 태어나지 못한 것을 한해 왔노라. 비록 풀로 만든 옷을 입고 나무 열매를 따먹고 살아갈망정, 사람들의 인심이 순박하고 후덕하던 세상을 못내 부러워하노라.」

이 세상의 어느 시절, 어느 지역, 어느 나라든 간에 각각 나름으로의 유토피아를 가지고 있고 이를 그리게 마련이다. 기독교 문화지역에서는 에덴동산을 동경했고, 공자도 도덕이 높은 우리 옛 조선을 동경했다고 한다. 해동공자로 추앙받았던 고려의 대 유학자 최충(崔沖 984~1068)도 당시의 세상 인심을 한탄하여 사람들의 마음이 순하고 인정이 따뜻하던 희황(羲皇)시절[81]을 동경하였다. 우리를 비롯한 중국, 일본 등 유학(儒學)을 숭상한 동양에서는 신농씨(神農氏), 복희씨(伏羲氏) 시절과 요순(堯舜) 시절을 이상향으로 여기면서 이를 동경하고 실현하려고 애

81) 복희 씨 시절.

써왔다.

어느 시대이고 간에 인간이 사는 세상은 그 시대를 산 사람들에는 불만족스러웠던지, 고대 이집트의 피라미드의 기록에도 당시 청소년들의 버릇없음을 개탄했으며, 고려와 조선의 선비들도 태평성대를 그리면서 세상 인심이 바르지 못함을 아쉬워해오기는 했다.

그러나 오늘날의 우리 현실은 인심의 순후(淳厚)를 가릴 정도의 한가로운 수준이 아니다. 실로 사람이 무서운 세상이 되었다. 사악하고 영악함의 도가 정도(定度)를 넘었다. 인명경시(人命輕視) 풍조가 세상을 불안케 하고 있다.

'물질의 풍요만이 잘 사는 길일 줄로 알았는데, 와서 보니 행복의 지수와는 일치하지 않더라.' 이런 후회만으로, 오늘을 방치만 할 것인가!

1997년 7월 3일 목요일

70

검으면 희다 하고 희면 검다하네.
검거나 희거나 옳다할 이 전혀 없다.
차라리 귀 막고 눈감아 듣도 보도 말리라.

〈김수장〉

「검으면 희다 하고 희면 검다고 하네. 내가 검다고 하거나 내가 희다고 하거나 간에 그것이 옳다고 할 사람이 전혀 없다. 이러하니, 검은 것을 검게 보고 흰 것을 희게 볼 수 있는 사람은, 차라리 귀를 막고 눈을 감아서 듣지도 보지도 않을 수밖에…, 이 외에 달리 도리가 있겠는가?」

이 시조 속에도 어지러운 사회상, 곧 파벌로 갈라져 모함하고 헐뜯는 검은 바람이 거세다. 파벌의 입장만 있을 뿐 온전한 진리의 척도로 사물을 보고 경우를 찾는 건강한 비판이 실종된 세태를 한탄하고 있다. 변화무쌍한 권세의 변천과 이동에 따라 모략과 역 모략이 판을 치는 세상에 처해서 건전한 비판력을 가진 인재들은 차라리 세상사를 애써 잊고자 했다.

그리고 이런 반대를 위한 반대도 문제였지만 극단의 흑백사고 또한 문제였다. 이는 시비의 논리요, 양단간에 단정을 지어버리는 단순논리이다. 중간적 가치를 인정하지 않는다. 전체를 살펴 검고 흰 부분의 경중을 가릴 여지가 없다. 일부만 검어도 전부가 검을 뿐이다. 거기에 타협이니 발전이니 하는 상향성(上向性)은 없다.

이런 반대를 위한 반대와 흑백사고의 인습을 민주사회라는 오늘날에도 우리는 벗어던지지 못했는가?

대선후보를 낸 정파들은 정책과 비전을 제시하여 건전한 평가를 받으려 하기보다는 폭로전(暴露戰)[82] 양상의 이전투구(泥田鬪狗)를 거듭하고 있을 뿐이다. 이에 흑백사고에서 벗어나지 못한 국민들은 폭로전의 검은 먼지에 시야가 가려져, 모두를 검게만 보고 냉소할 따름이다.

대선전은 바르게 가고 있는가?

1997년 8월 21일 목요일

82) 당시 대통령 선거에 영향을 끼치려고 허위로 조작(이후 검찰조사와 판결에서 허위조작이었음이 밝혀졌음)하여, 이회창 후보 아들의 병역비리며 부인의 수뢰 문제를 야당에서 폭로함으로써 선거전이 추악했으며, 이로 인해 이회창 후보가 낙선했음.

71

까마귀 검다하고 백로(白鷺)야 웃지 마라.
겉이 검은들 속조차 검을소냐?
아마도 겉 희고 속 검을 손 너뿐인가 하노라.

〈이 직〉

「까마귀가 겉으로 보기에 검다하고 백로야 비웃지 말아라. 비록 겉이 검을지라도 속마음까지 검은 줄 아느냐? 아마도 겉은 희면서도 속이 검은 것은 오히려 백로 네가 아니더냐.」

겉으로는 결백하고 선량한 체하면서도 속으로는 잇속을 챙기고 정직하지 못하고 위선에 찬 위인(爲人)이 자신의 속내를 감추고선, 오히려 남을 비난하는 이를 비유하여 노래한 것이다.

까마귀와 백로는 흑백으로 대조되는 빛깔로 인하여 선악(善惡), 시비(是非)에 자주 비유되는 새들이다. 미물이라 할 이 새들이야 무슨 선악에 대한 의식이 있을까마는, 사람들이 자신의 생각을 이들에 이입해 위선자들을 질타해 오기도 했었다.

하기야, 까마귀는 예부터 반포조(反哺鳥)라 하여 그 효행미질(孝行美質)을 찬양해 왔다. 그것은 까마귀가 겉은 검고 흉악한 모습일지라도, 새끼가 다 자라나면 먹이를 물어다가 늙은 어미를 먹여 보답하는 습성을 지녔기 때문이라 한다. 여기에 비해 백로는 겉은 희고 그 자태가 자못 우아하여 군자의 기품을 지닌 듯하나 이는 위선일 따름이다. 백로가 느릿느릿 물 속을 기웃거리는 것은 물고기를 안심시켜 속이고는 이를 잡기 위한 행위이다.

우리 속담에 '남의 눈에 있는 티는 보면서도 내 눈의 들보는 못 본다'는 말이 있다. 우리는 자신의 결함과 잘못에 대해서는 지나치게 관대하면서도 남의 실수와 잘못에 대해서는 너무나도 비판적이고 흥분을 잘한다. 그 진위를 따질 겨를도 없다.

남을 비판하기 전에 먼저 자신을 되돌아볼 일이다. 그리고 남을 비난하는 이는 자기 자신은, 속은 고사하고 겉이라도 희기나 하면서 남을 비난하고 있는지도 살펴볼 일이다.[83]

1997년 9월 25일 목요일

83) 재임 중에 다른 이를 비난했던 전직 대통령도 퇴임 후 자신도 비리혐의로 수사를 받다가 자살을 했다.

72

어와 저 조카야 밥 없이 어찌 할고?
어와 저 아잽아 옷 없이 어찌 할고?
머흔 일 다 일렀어라 돌보고자 하노라.

〈정 철〉

「어와 저 어렵게 사는 저 조카야 밥이 없으니 이 일을 어찌 할 것인고, 어와 저 아저씨여 입을 옷이 없으니 이는 또 어찌할 것인고, 처지가 어려운 조카며 아저씨여 궂은 일이 있으면 나에게 다 말하시오. 내가 힘이 닿는 한 돌보아 드리리다.」

훈민가(訓民歌) 가운데 '빈궁우환친척상구(貧窮憂患親戚相救)' 란 제목이 붙은 것으로, 어려운 친척을 서로 도와야 함을 노래한 시조이다. 따뜻하고 넉넉한 인정미가 넘쳐흐른다.

예부터 우리 겨레는 실로 정에 약하고 남의 어려움과 가난에 마음 아파하고, 상부상조(相扶相助)하는 미덕을 지녔던 민족이었다. 고기국은 말할 나위도 없고, 된장 한 뚝배기를 조금 특이하게 끓이거나, 나물 한 접시를 맛나게 무쳐도, 이웃과 서로 나누어 먹었다. 마을 어느 집에 제사만 들어도 으레 노인들은 제삿밥 대접을 받았고, 마을에 일이라도 생기면 길사나 흉사나 간에 온 마을 사람들이 나서서 제 집의 일처럼 함께 일하고 함께 즐기고, 함께 울었다.

지금도 도회에서도 혼인과 장례에서 서로 부조를 하며, 축하하고 위로하는 것은 이 유풍이 남아있는 모습이다.

친척을 사랑하는 마음이 곧 나라를 사랑하는 마음이요, 이웃을 사랑하는 마음이 곧 나라를 사랑하는 마음이다. 이렇게 마음과 마음 사이를 꿰뚫어 흐르는 마음이 뜨거웠다. 이것이 바로 우리 민족의 저력이요, 이것이 우리 겨레가 반만년의 역사를 이어온 바탕이었다. 보이지 않는 듯하면서도 끈질긴 것, 약한 듯하면서도 강인한 것. 우리 민족 앞에 닥친 그 어떤 시련도 이를 당해 내지는 못했다. 총칼로도 이것을 꺾지는 못하였다.

우리가 잠시 잊은 듯했으나 잊혀지지 않는 것. 그것이 정(情)이다. 약해진 듯하면서도 그래도 아직 다른 민족이 흉내 낼 수 없는 것, 다른 민족이 따를 수 없는 것이 있다면 이웃을 사랑하는 정이다. 요즈음도 어느 지역에 홍수가 나서 이재민이 나오기라도 하면 우리는 어찌 하는가? 전국에서 답지하는 온정(溫情)은 참으로 우리 스스로를 놀라게 한다.

우리는 할 수 있다. 우리는 지금의 이 어려움[84]을 극복할 수 있다. 정을 나누자. 하나가 되자.

1998년 1월 15일 목요일

84) IMF 경제위기(지금의 경제 위기에도 정을 되찾는다면 회복될 것이다.)

73

옥(玉)에 흙이 묻어 길가에 버려졌으니,
오는 이 가는 이 흙이라 하는고야.
두어라 알 이 있을지니 흙인 듯이 있거라.

〈윤두서〉

「옥에 흙이 묻어서 길가에 버려져 있으니, 오는 사람 가는 사람이 모두 흙이라고만 하는구나. 두어라 지금은 설령 버려져 있다 하더라도, 언젠가는 그 옥이 옥인 줄을 아는 사람이 있을 것이니, 묵묵히 흙인 듯이 가만히 있거라.」

이 시조는 음미하기에 따라 그 뜻을 여럿으로 이해할 수도 있을 것이다. 이는 곧 선비의 바른 마음가짐을 읊은 것으로, 선비는 모름지기 자신의 덕(德)을 닦을 뿐, 자신의 드러남을 구하지 않아야 한다는 뜻으로 이해할 수 있을 것이다. 또한 옥석구분(玉石俱焚)[85]이니, 옥석동쇄(玉石同碎)[86]니, 옥석혼효(玉石混淆)[87]니 하는 말처럼 선악과 정사(正邪), 진가(眞假)가 구별되지

85) 옥과 돌이 함께 부서진다는 뜻으로 역시 선한 사람과 악한 사람이 함께 화를 당함을 비유한 말.
86) 옥과 돌이 함께 탄다는 뜻으로 선한 사람이나 악한 사람이 함께 화를 당함을 비유한 말.
87) 옥과 돌이 함께 뒤섞여 있다는 뜻으로 훌륭한 것과 하찮은 것이 한데 뒤섞여 있음을 비유한 말.

않는 세상을 개탄하고 있는 것으로도 볼 수 있을 것이다.

또한 이는 당쟁에 희생됐던 윤선도 증손의 작품인 것으로 보아 당시 인재등용의 난맥상을 질타한 것으로도 볼 수 있을 것이다. 곧 당장에 얼룩지고 부조리가 횡행하던 조선조 봉건시대에 능력 있는 선비들이 뜻을 펼 수 없는 환경 속에서 스스로를 자위하면서 천하에 도(道)가 있는 세상이 오기를 기대하는 시조라고도 할 것이다.

공자는 "나라에 도가 있으면 나아가 벼슬을 하고, 나라에 도가 없으면 벼슬에 나가지 마라."〔天下有道則仕(천하유도즉사) 天下無道則隱(천하무도즉은)〕고 했다. 또 숨은 인재를 세상에 불러내기 위한 각고를 이르는 말로 '삼고초려(三顧草廬)' 라는 말도 있다.

지금 새 정부를 구성하기 위해 동량(棟梁)들을 물색하고 있는 듯하다.[88] 제갈량 같은 이인(異人)을 찾으라는 것이 아니다. 도(道) 있는 세상이 되어, 인재들이 머뭇거리지 않고 나아가 일하고 싶은 세상이 되기를 바랄 뿐이고, 옥석(玉石)이 구분 돼서 구슬 같은 분들이 모셔지기를 바랄 뿐이다. 백성을 겁주지 않고 두려워 할 줄을 알고, 양치기 소년 같지 않은 분들이 목자(牧者)로 등용되기를 기대할 뿐이다.

1998년 2월 12일 목요일

88) 김대중 정부가 조각하던 시절임.

74

냇가의 해오랍아 무슨 일로 서 있느냐?
무심(無心) 한 저 고기를 여어 무엇 하려느냐?
두어라 한 물에 있거니 잊어신들 어떠리.

〈신 흠〉

「냇가에 서 잇는 백로야 너는 무슨 일로 종일 버티고 서 있느냐? 아마도 물속에 노는 고기를 노리고 있는 모양인데, 사심(邪心) 없이 놀고 있는 고기를 엿보아서 어떻게 하자는 것이냐? 그만두어라 백로야. 너나 물고기나 다같이 물에서 살고 있는 사이이니, 좀 잊어버리는 것이 어떠냐?」

작자는 선조로부터 영창대군의 보필을 부탁받은 이른바 유교칠신(遺敎七臣)의 한 사람으로 계축화옥(癸丑禍獄)에 연루되어 파직 유배되기도 하였다. 곧 그 자신이 대북파와 소북파간의 당쟁에 휘말려 해를 입은 사람이다. 따라서 이 시조는 이런 고질적인 당쟁의 폐해를 개탄한 시조이다.

참으로 당쟁은 비정하고 처절하였다. 타당을 몰아내고 정권을 잡는 것으로만 그치는 것이 아니라. 그것은 죽느냐 사느냐의 문제였다. 정권을 잡은 뒤에는 구원(舊怨)을 갚고 후환(後患)을 없애기 위해 상대 당의 씨를 말렸다. 힘 있는 자는 죽이고 힘 약한 자는 모두 원지(遠地)로 유배를 보냈다. 그리고 이러한 일은 상황이 바뀌면 다시 거듭되었다. 이런 반목질시(反目嫉視),[89] 약육강식(弱肉强食)하는 악폐를, 같은 물(정치판)에 있는 사람들이니 서로가 고치자는 것이다.

이제 우리는 민주 헌정 반세기를 넘기고 있다. 그러나 불행히도 지금까지의 정권들은 차별화라는 명분으로 직전의 집권세력을 짓밟고서야 자신의 인기와 힘을 얻어왔다. 지금 새 정부의 출발을 목전에 두고 있다.[90]

정권교체 직후의 통쾌한 정치행태에 길들여진 언론과 국민들은 또 그런 쾌도난마식(快刀亂麻式)[91]의 통쾌함을 기대하고 있다.

공(功)은 치하하고 과(過)는 덮어주며 후임자가 더 잘하기를 축원하는 성숙한 정치풍토를 기대할 수는 없는 것일까?

참으로 국민 중 누가 있어 누구에게 돌을 던질 수 있을 것인가?

1998년 2월 19일 목요일

89) 서로 미워하고 시기하는 눈으로 봄.
90) 김대중 정부 .
91) 잘 드는 칼로 헝클어진 삼 가닥을 자른다는 뜻으로 어지럽게 뒤얽힌 사물을 명쾌하게 처리함을 이르는 말.

75

나무도 병이 드니 정자(亭子)라도 쉴 이 없다.
호화(豪華)히 서신 제는 올 이 갈 이 다 쉬더니,
잎 지고 가지 꺾인 후는 새도 아니 앉는다.

〈정 철〉

「나무도 병이 들면 정자나무라도 그 밑에서 쉴 사람이 없다. 나무가 무성하여 호화롭게 서 있을 때에는 오고가는 사람들이 다 와서 쉬더니, 잎이 지고 가지도 꺾인 후에는 새마저도 앉지 않는구나.」

이 시조는 병든 나무에는 사람들은커녕 새들조차도 와서 앉지 않음을 노래하는 비유를 통해, 세상 사람들의 관계가 의리와 도덕보다는 권세와 권력을 좇는 야박한 인심임을 개탄하고 있다. 이른바 염량세태(炎涼世態), 곧 권세가 있을 때는 아부를 하고, 몰락하면 푸대접을 하는, 세상 사람들의 야박한 인심을 개탄한 시조이다.

우리 속담에 "정승댁 개 죽은 데는 가도, 정승 죽은 데는 가지 않는다."라는 말이 있다. 어떤 이가 권세와 금력을 지녔을 때에는, 그 집 대문의 문지방이 닳도록 문전성시이다가, 그 사람이 어느 날 그 자리를 잃게라도 될 것 같으면, 언제 내가 그를 알았던가 하는 태도로 찾는 이가 없는 변절을 개탄한 말이다.

예나 지금이나 사람과 사람의 관계가 인의예지신(仁義禮智信)과 같은 도덕적관계로 맺어지는 경우보다는, 자신의 이득(利得)을 추구하는 관계로 맺어지는 경우가 더 많음을 알 수 있다.

요즈음 나라의 어려운 경제사정과 정권교체로 인해, 혹은 정년단축으로 많은 이들이 일자리에서 물러나 고통을 겪고 있다. 그들의 고통은 여럿이고 크겠지만, 그중 가장 큰 고통은 아마 그들이 겪는 소외감과 고독일 것이다. 일터에 남은 이들과 주위 사람들은 그들이 하루 속히 새 일터를 갖기를 기원하면서, 그들의 소외감과 고독을 달래 드릴 일이다. 따뜻한 차 한 잔, 다정한 전화 한 통은 인간적인 정과 용기를 되살리지 않겠는가?

1998년 3월 12일 목요일

76

꽃이 진다 하고 새들아 슬퍼마라.
바람에 흩날리니 꽃의 탓이 아니로다.
가노라 휘젓는 봄을 새와 무엇하리오.

〈송 순〉

「고운 꽃들이 떨어진다고 새들아 슬퍼하지 마라. 꽃이 지고 싶어서 지는 것이 아니라 바람에 못 이겨서 흩어져 날리는 것이니, 이는 꽃의 탓이 아니로다. 떠나가느라고 심술을 부려서, 휘저어 아름다운 꽃잎을 떨어뜨리는 봄을 미워해서 무엇하리오?」

철쭉은 지금이 한창이긴 하지만, 이미 봄꽃들이 졌거나 지고 있다. 꽃이 지고 봄이 가는 일은 안타까운 일이다.이 시조는 겉으로는 봄이 가는 아쉬움을 노래한 것이다.

그러나 이는 을사년에 척신(戚臣) 윤원형이 윤임의 일파를 몰아내고 죄 없는 선비를 많이 죽인 을사사화(乙巳士禍)를 보고, 탄식하여 지은 것이라 한다.

'꽃이 진다'는 죄 없는 젊은 선비들의 죽음이고, '새들'은 세상이 되어가는 꼴을 바라보는 뜻있는 사람들이며, '바람'은 을사사화의 소용돌이이고 '휘젓는 봄'은 사화를 꾸며 득세한 집권 세력이다. 그리고 '휘젓는 봄'을 '새와 무엇하리오'라고 했는데, 이는 방관 · 체념이라기보다는 사필귀정(事必歸正)을 믿는 신념과 달관이다.

지은이는 벼슬을 사직하고 은둔하며 세상과 담을 쌓았지만 이 불의의 사화가 하나의 역사적 계절임을 달관하고 태연자약하고 있다.

세월에도 계절이 있고 변화가 있다. 인간사에도 봄, 여름, 가을, 겨울이 있다. 순리에 따른 계절의 변화, 이는 천리(天理)요, 이는 역사의 바른 평가를 받는다. 그러나 계절의 변화에 불순한 목적을 감춘 무리가 작용할 때, 이는 지탄의 대상이 되고 역사의 비판을 받는다.

작금의 정치적 쟁점들, 이는 순리(順理)와 천리(天理)에 따른 필요한 논의들이기를 기대해 본다.

1998년 4월 24일 금요일

77

청산(靑山)도 절로 절로 녹수(錄水)도 절로 절로
산(山) 절로 수(水) 절로 산수간(山水間)에 나도 절로
이 중(中)에 절로 자란 몸이 늙기도 절로 하리라.

「푸른 산도 절로 있어서 절로 푸름이요, 녹음 속에 흐르는 맑은 물도 절로 절로 흐름이라. 산도 절로 있어서 절로 푸르며, 물도 절로 있어서 절로 흐르니, 이 자연 속에 묻혀 사는 나도 절로 나서 절로 살아감이로다. 이와 같이 자연 속에서 절로 자란 몸이니 늙어가는 것도 자연의 순리대로 따라 가리라.」

출전에 따라 우암 송시열의 작, 퇴계 이황의 작이라고 하기도 하는 이학가(理學歌)이다. 인간의 본성(本性)을 자연에서 찾고 이를 좇고자 하는 성리학(性理學)이나 무위자연(無爲自然)을 추구한 도가(道家)적인 시조라고도 할 것이다.

순천자(順天者)는 존(存)하고, 역천자(逆天者)는 망(亡)한다고 한 가르침처럼 자연의 섭리가 지배하는 세상에서 자연의 섭리를 거스르는 일 없이, 자연대로 살고 자연대로 죽으려는 작자의 삶의 태도는 엄숙하고 경건하기조차 하다. 마음에 집착이 없으니 매인 데가 없고 매인 데가 없으니 스스로 자유롭고 평화스럽다. 순리를 따르던 선인들의 이런 삶의 태도는 오늘날 우리 사회가 처한 많은 문제들을 해결하는 데 좋은 열쇠가 아닐까?

우리가 안고 있는 문제의 원인은 어디에 있는가? 욕망과 집착, 아집과 시기, 허세와 몰염치, 무질서와 방종은 또 어떠한가? 노사간의 극한대립, 재벌형제간의 재물 다툼 송사며, 정객들의 앙탈 등등은 "산 절로 수 절로"와는 거리가 멀다.

따뜻한 날씨와 풍부한 비로, 금년 5월은 유난히 신록이 아름답다. 도회의 가로수며 산자락의 수목에 이르기까지 그 싱그러움이 가슴을 시원하게 한다.

꼬이고 뒤틀린 것, 맺히고 얽힌 것들을 풀고 헤쳐서, 절로 절로 되게 하자.

1998년 5월 22일 금요일

78

술을 내 즐기더냐 광약(狂藥)인 줄 알건마는,
일촌(一村) 간장(肝腸)에 만곡수(萬斛愁) 넣어 두고,
취(醉)하여 잠든 덧이나 시름 잊자 하노라.

〈작자미상〉

「나는 술을 평소에 즐겨 먹는 사람이나, 나도 술이 사람의 이성을 잃게 하고 영육(靈肉)을 병들게 하는 것인 줄이야 익히 안다. 그러나 한 치 길이의 간장(마음) 속에 수많은 시름을 가득히 간직하였으니, 이 내 가슴이 터질 것만 같구나! 그러니 이 술을 취하도록 마시고 잠들었을 동안이나마 그 시름을 잊고자 하노라.」

태평성대라 할지라도 시름이 있는 사람은 있기 마련이고 그런 계층은 있기 마련일 것이다. 고시조에는 술을 노래한 시조가 대단히 많다. 음주를 주제로 하지 않은 시조라 할지라도, 희노애락애오욕(喜怒哀樂愛惡慾) 등을 토로하면서 이에 겸해서 술을 읊은 것까지를 포함한다면, 그 비율은 놀라울 정도로 많다. 이렇게 술을 노래한 시조 중에는 인용 시조처럼 술로 시름을 달래거나 잊고자 하는 것들이 상당수이다.

이 시조의 작자와 연대가 미상이라 그 시름의 구체적인 내용을 알 수는 없다. 개인적인 시름일 수도 있을 것이고 나라나 조

정이나 백성들에 대한 뜻있는 선비의 우국 애민(憂國愛民)의 아픈 마음일 수도 있을 것이다. 여하튼 이 시조는 수많은 시름을 달랠 길이 없어서, 해로운 것인 줄을 알면서도 술로서라도 시름을 잊고자 했다.

그런데 올해에 와서는 소주의 소비량이 폭증하고 있다고 한다. 마시고 취해서는 시름을 잊고자 하는 것이리라.

국태민안(國泰民安)이 국정의 요체(要諦)이다. 지금 한 잔의 소주가 필요하지 않은 이가 있겠는가? 정치인, 재벌, 근로자, 금융인, 기업인, 상인, 농어민, 교원, 공무원, 퇴출실직자…. 모두가 불안하고 두렵다.[92]

배는 고파도 마음이 편안하고 일할 맛이 나야 한다. "지금은 어려운 시기이니 힘을 모아 땀 흘려 일하자"는 호소가 와 닿지 않는다. 그러자면 지도자가 먼저 정도(正道) 대도(大道) 헌신(獻身)을 솔선해서 백성들의 마음을 든든하게 해야 한다.

1998년 9월 4일 금요일

92) IMF로 구조조정이 한창일 때였음.

79

추월(秋月)이 만정(滿庭)한데 슬피 우는 저 기럭아.
상풍(霜楓)이 일고(一高)하면 돌아가기 어려우리.
밤중만 중천(中天)에 떠있어 잠든 나를 깨우는고?

〈김두성〉

「가을달이 휘영청 뜰 안에 가득 비치는데, 높은 하늘에 슬피 울며 날아가는 저 기러기 소리가 더욱 처량하구나. 북쪽에서 날아오는 저 기러기야, 차가운 서릿바람이 한 번 일게 되면 돌아가기가 힘들 터인데, 한밤중에 높이 떠서 나의 잠을 깨우느냐.」

서리 내리는 달 밝은 가을 밤, 근심 걱정으로 잠 못 이루는데, 기러기 소리도 처량하여 듣는 이의 가슴을 더욱 슬프게 한다. 필자의 심정은 단순한 가을의 쓸쓸함이 아니라 무슨 애타는 일이 있어, 서리 내리는 가을 밤, 기러기에 부쳐 자신의 심정을 노래한 듯하다.

오늘은 서리가 내린다는 상강(霜降)이다. 우리는 이미, 봄의 노고지리며, 여름철의 황새와 가을 저녁 무렵 기러기 떼의 정서를 잊은 지 오랜 시대에 살고 있다. 그런데도 이제 제법 조석으로 쌀쌀함을 느끼게 하는 상강의 절기를 맞아 예년의 가을과는 달리 마음이 무거움을 금할 수가 없음은 어떤 연유에서인가?

회복의 기미가 없는 나라 경제며, 늘어만 가는 실업자 수며,

풍년가가 들려야 할 들녘에는 농민들의 한숨 소리만 가득함[93]이 그 까닭이다.

그보다 더 우리의 마음을 무겁게 하는 것은 해양협상 소식[94]에 이은 '문화 개방' 이란 이름으로 포장된 '일본의 대중문화 상업행위의 허용' 이다. 구한말의 개항이 그들의 강요에 의한 불평등 개항이었으며, 그에 따른 결과가 참으로 암울했던 과거사를 지닌 우리이기에, 이번의 일본 대중문화 개방도 예사롭지가 않다. 자세히 살펴보면, 실은 이번의 개방도 우리의 필요에 따른 문화의 교류가 아니라, 그들의 끈질긴 경제 침략(?)에 따른 전리품으로 주어지는 것이라는 견해를 누가 부정할 수 있을 것인가? 그러나 어쩌랴. 경제는 어렵고, IMF는 넘겨야겠고, 경제는 현실이고, 외교는 국력인 것을 ……, '서희' [95]와 '윤관' [96]만을 기대할 수만은 없는 노릇이 아닌가?

물과 문화는 높은 곳에서 낮은 곳으로 흐르는 법. 개방이 곧 문화 침략이 되지 않도록, 경제와 문화를 북돋울 수밖에.[97]

1998년 10월 23일 금요일

93) IMF 중이었으므로,

94) 해양주권을 상당부분 잃었다는 김대중 정부의 한일 협상.

95) 고려 전기의 외교가 거란이 침입하였을 때에 적장 소손영과 담판하여 유리한 강화를 맺었다.

96) 고려 예종 때의 학자 장군 여진을 정벌하고 구성(九城)을 쌓았다.

97) 당시에 염려한 것처럼 알게 모르게 일본의 대중문화 유입이 심하기는 하지만, 역으로 한류 스타들에서 보듯 우리 문화도 일본에서 인기가 있으므로, 염려보다 우리 문화의 건강함이 마음 든든하다.

80

흉중(胸中)에 불이 나니 오장(五臟)이 다 타거다.
신농씨(神農氏) 꿈에 뵈와 불 끌 약(藥)을 묻자오니,
충절(忠節)과 강개(慷慨)로 난 불이니 끌 약(藥) 없다 하더라.

〈박태보〉

「가슴 속에 불이 이글거려, 오장육부가 다 타가는구나, 신농씨를 꿈에 만나서 가슴 속의 불을 끌 약이 있느냐고 물어 보았더니, 생리적인 불이 아니라 임금에 대한 충절과 불의를 보고 슬퍼하고 한탄하는 데서 생긴 불이니, 그 불은 끌 약이 없다고 하더라.」

작자 박태보는 '인현왕후' 의 폐비를 반대하다가 진도로 유배를 가던 길에 죽었다. 간신의 무리가 임금의 눈을 흐리게 하여 정사(政事)를 그르칠 적에 죽음으로 간(諫)하는 것은 충절의 표현이다. 그러나 그것이 도리어 가혹한 처벌로 보상될 때 느끼는 그 심경이 강개(慷慨)이다. 그리고 이런 일을 당했을 때에, 나라를 염려하는 충의지사(忠義之士)들의 가슴은 안타깝다 못해 불이 타는 것이다. 역사상 얼마나 많은 지사(志士)들이 이러한 심경으로 유배되고 죽임을 당했던가?

요즈음 흉중에 불이 나고 오장이 타도록 강개 통탄하는 이들

이 초 · 중 · 고의 교사들일 것이다. 경제 관료가 경제 논리로 교육의 틀을 뒤흔들어 놓으니, 그럴 수밖에…. 그 단견을 어찌 다 나열할고? 교육은 사람을 사람이 되도록 기르는 일이다. '인(仁, 人))은 노(老)를 쓴다.' 는 말이 있다. 나라나 가정에도 어른이 있어야 하고, 존경 받는 이가 있어야 하듯, 교육에는 더더욱 경륜을 쌓고 덕(德)을 쌓은 원로가 필요한 법이다. 지금껏 얼마나 박대를 받았으면 초 · 중학교는 8, 9할이 여교사들뿐이랴? 오죽하면 '멀쩡한 사람이 선생질한다.' 는 말도 있을까? 박봉과 낮은 사회적 지위에도 교직을 성직으로 알고 헌신해서 지금의 경제 건설이 있기까지의, 국가 재건의 초석이었던 교사들에게, 지금껏 유일하게 위안이 되는 일이 있었다면 전문성이 고려된 '정년(停年)' 이었다. 경제가 어렵다면 깎인 봉급이라도 더 깎을 일이지, 그 마지막 매력마저 빼앗아버린다면, 앞으로는 교직을 직업, 직장으로만 아는 이들이 찾을 뿐일 것이다.[98]

교육이 나라의 초석이므로, 우수한 사람이 교직을 찾도록 하겠다던 대통령의 위대한 말씀(?)은 어디로 가버렸는가?

1998년 11월 6일 금요일

98) 교직은 성직 천직이지 돈버는 일터가 아니다. 그러나 지금은 노동자란 의식을 지닌 이들이 활개를 펴고 있다. 평생을, 정당한 권위에 대해서까지도 부정(否定)과 반대만 일삼던 김대중 정부는 원로교원들을 자신들에 대한 비판세력으로 여기고 이해찬 장관으로 하여금 교원 정년을 3 년이나 단축시켜버렸다. 이로 인해 당시에 염려했던 대로 오늘날의 공교육의 몰락을 가져왔다.

81

외야도 옳다 하고 옳아도 외다 하니,
세상(世上) 인사(人事)를 아마도 모를로다.
차라리 내 왼체하고 남을 옳다 하리라.

〈작자미상〉

「글러도 옳다고 하고 옳아도 그르다고 하니, 세상 사람들의 하는 일을 아무래도 모를 일이로다. 아무리 옳은 일이라도 힘센 자가 옳지 않은 일로 만들어 버리면 옳지 않은 일이 되어버리게 마련이니, 차라리 내가 옳아도 참을 수밖에, 언젠가는 사필귀정(事必歸正)이리니….」

세상일의 잘못 되어가는 모습을 보고 통탄한 시조이다. 세상 사람들이나 집권자들이 하는 일에는 정말 잘하려고 하고, 참으로 잘한다는 찬사를 받으면서 한 일도 그것이 참으로 잘못한 일이었음이 드러나는 사례가 얼마나 많았는가? 더구나 그 일하는 이들의 철학의 부재와 전문성의 결여와 치우친 논리와 이념의 결과라면 그 폐단이 엄청날 것임은 너무나도 자명하다.

평화의 댐 건설, 삼청교육대가 그 좋은 예이다. 후자는 일부 그 필요성을 인정한다 하더라도 이는 한탕주의적, 과시적 성과주의와 전체주의적 여론몰이식의 졸속 통치의 한 잘못된 일이었음은 너무도 자명하다. 더구나 관련 기관 단위의 산술적 인원

차출이 빚은 그 많은 인권유린과 무고한 희생자의 양산은 뒷날 비판의 핵심이라 할 것이다.

왜, 의사 변호사 국회의원 각료 대통령은 정년이 없으며, 목사와 신부는 정년이 75세인가? 이처럼 교원은 다른 직종보다 정년이 길어야 하는 까닭이 있었다. 그렇다면 어느 날 갑자기 60세 이상은 안 된다고 두부 자르듯 하려는 조치가 과연 합리적인 일인가? 젊고 늙고 간에 관료, 정치인, 의료인, 법조인, 종교인들에게도 문제가 있을 수 있듯, 교직 사회에도 연령과 관계없이 문제점이 있음을 인정한다. 그렇다면 그 문제점을 개선할 일이지, 왜 60세 이상이 지금까지 교육의 제반 문제의 원흉인 양, 개혁이란 미명으로 단죄되어야 하는가?[99]

젊은이들의 영어 발음, 컴퓨터 조작은 가치롭고 연세든 이의 경륜과 푸근한 가슴과 깊은 사랑은 왜 부당하다고 하는가…?

내일에 닥칠 부작용, 문제점, 폐해들을 어떻게 감당하려고….[100]

1998년 11월 20일 금요일

99) 교원정년단축의 부당성을 지적한 것이다.
100) 문제점을 예견하고 염려했었다. 그 결과는 예견한 대로다. 교육의 황폐화, 공교육의 붕괴가 왔다. 연금도 불균형을 초래해서 위기가 왔다.

82

님을 믿을 것가 못 믿을 손 님이시라.
믿어온 시절(時節)도 못 믿을 줄 알았으라.
믿기야 어렵지마는 아니 믿고 어이리.

〈이정구〉

「임을 믿을 것인가. 아마도 못 믿을 것은 임이로다. 임을 믿어 온 그 시절에도 임은 마음 놓고 믿을 바가 못 되는 것으로 알아 왔도다. 그러나 어쩔 것인가. 믿기야 어렵지마는 임을 아니 믿고야 어찌할 것인가.」

이 시조는 임이란 신(信)과 불신(不信)이 상호 반복될 수밖에 없는 존재이지만 자기로서는 믿음의 길을 택하지 않을 수 없다는 심정을 토로한 것이다.

여기서의 임은 조선 시대에 흔히 일컬어온 '임금'이 아니라 이성(異性)으로서의 임이다.

사랑의 바탕은 신(信)이다. 사랑하는 사람들 사이에 상호 믿음이 흔들린다면, 그들은 이미 사랑하는 사이라고 할 수 없을 것이다. 그러나 어쩌랴. 아무리 불신을 버리고 믿기만 하려해도 못 미더운 점이 있는 것이 임인가 하면, 또한 못 미더움으로 가득 차서 돌아서려 하기라도 하면 오히려 믿음과 사랑이 더 커져서 떠날 수 없는 것이 임인 것을…….

작자는, 임과 믿음이라는 두 개의 요소를 하나의 지점에 놓지 못하는 안타까움에 젖어 있는 듯하다. 그러나 이런 갈등 속에서도 결국 자신의 정신이 설 자리는 믿음임을 자각하고 마음의 안정을 찾고 있다.

벼슬이 좌의정에 이르고 인조 조에 한학 사대가(漢學四大家)로 칭송되던 분이 사랑 타령만 한 것이라고 해도 멋이 있는 일이다.

그러나 속뜻이 있을 듯도 하다. 사랑도 신앙도 사회도 믿음의 바탕 위에 그 존재가 가능한 것. 믿음이 상실되면 그 존재는 소멸되고 마는 것들이다.

오늘날은 불신의 시대인가? 믿을 것이 없다. 정부, 정치인, 정책, 은행, 기업, 직장까지도…. 국민은 불신을 넘어 불안에 떨고 있다.[101]

아무리 좋은 개혁도 불신 위에 세워진 성공은 없다. 앞만 보지 말고 옆도 뒤도 보자.

1998년 12월 11일 금요일

---

101) 김대중 정부가 개혁입네, 구조조정이네, 빅딜이라 하며 기업 통폐합을 강제하는 등 세상을 불안하게 했음.

83

창(窓)내고자 창(窓)을 내고자 이내 가슴에 창(窓)내고자.

고모장지 세살장지 들장지 열장지 암돌쩌귀 숫돌쩌귀 배목 걸쇠 크나큰 장도리로 숭닥 박아,

이내 가슴에 창(窓)내고자. 있다가 하 답답할 제면 여닫아 볼가 하노라.

〈작자미상〉

「창문이라도 내고 싶어라 창문이라도 내고 싶어라. 이 나의 가슴에 창문이라도 내고 싶어라. 거북무늬 장지문이나 문살 가는 장지문이나 들창문, 열창문으로라도, 암돌쩌귀 숫돌쩌귀와 배목과 걸쇠를 크나큰 장도리로 두들겨 박아서라도 이 나의 갑갑한 가슴에 창문이라도 내고 싶어라. 그래서 이따금 몹시 가슴이 답답할 때이면, 이 가슴에 낸 창문을 여닫아나 볼까 하노라.」

이 시조는 작자가 미상이나, 층층시하 시부모를 모시면서 자신을 죽이고 살아야했던 아낙네의 한(恨)이거나, 윤리의 질곡 속에서 질식할 듯한 현실을 살면서 벗어날 수 없는 처지를 답답해하면서 가슴을 쳤을 법한 여성의 시조인 듯하다.

인간사 세상사 살다가 보면 참으로 억울하고 분하고 어렵고 슬퍼서 가슴이 터질 것만 같이 답답한 경우를 겪기도 한다. 앞앞이 일마다 하소연을 할 수도 없고, 하소연한들 문제가 해소될

수도 없는 일이어서, 혼자 가슴앓이를 해야 하는 경우도 흔한 일이다. 이런 경우에는 그 답답한 가슴에 구멍이라도 내어서 갑갑증을 해소라도 해보고 싶은 것이 인지상정(人之常情)이리라.

참으로 요즈음은 가슴에 창이라도 내고 싶은 세상이다. 평생 천직(天職)으로 알던 일터에서 죄 없이 쫓겨나야만 하는 수많은 퇴출자들의 처지가 참으로 답답하다. 그뿐이랴? 흥할지도 망할지도 모르는 무슨 빅딜이니[102] 하면서 행하는 혼란들은 기업인 직장인 국민들의 가슴을 답답하게 한다. 이뿐인가? 크고 옳은 정치로 국민들의 지지를 얻는다면, 여당 의원의 숫자가 몇이냐 하는 문제는 문제도 되지 않으련만, 작은 여당이 시종, 사람(야당 국회의원)을 빼내가려는 작은 정치만 일삼으니, 이런 정치 행태가 온 나라를 답답하게 한다.

어찌 그 뿐이랴……?

참으로 가슴에 창이라도 내어야 할까보다.

1999년 1월 8일 금요일

102) 정부에서 강제적으로 빅딜이라 하여 기업 간에 합병인수가 횡행하고 은행 등 중요기업을 외국 자본에 분별없이 매각하던 때였다.

84

바람이 눈을 몰아 산창에 부딪치니,
찬 기운이 새어들어 자는 매화를 침노한다.
아무리 얼우려 한들 봄 뜻이야 앗을소냐?

〈안민영〉

「찬바람이 눈을 몰아다가 산장의 창문에 부딪치니 찬 기운이 방안으로 스며들어 고이 자고 있는 매화를 침범해 온다. 그러나 아무리 찬바람과 눈이 매화를 얼게 하려 한들, 봄이 오면 꽃을 피우려는 매화의 뜻이야 네가 어찌 빼앗아 갈 수야 있겠느냐?」

이 시조는 안민영이 스승 박효관의 산방(山房)을 찾았을 때, 방안에 매화가 피어 있는 것을 보고 지었다는 영매가(詠梅歌) 8수 중 하나이다.

예부터 우리 선인들은 설중매(雪中梅)라 하고 빙자옥질(氷姿玉質),[103] 아치고절(雅致高節)[104]이라 하기도 하면서 매화를 숭상해 왔다. 선비들이면 으레 집안에 매화 분을 두거나 난(蘭)과 국화(菊花)를 함께 심어 가꾸면서 자신의 수양과 처신의 본으로 삼아왔다.

우리 선인들은 사람다운 삶을 최고의 가치로 여겨, 사람답게

103) 얼음같이 맑고 깨끗한 살결과 구슬같이 아름다운 자질.
104) 우아한 풍치와 고상한 절개.

살려고 노력해 왔다. 그것은 높은 지위도 명예도 아니었고 물질적인 부는 더구나 아니었다. 오직 사람의 본성을 잃지 않고 사는 삶, 양심 곧 하늘과 땅에 부끄럽지 않은 삶, 여기에 최고의 가치를 부여하고 살아왔다. '사람답지 않은 사람' 이는 죽기보다는 더 싫어하던 말이었다. 그래서 세인의 눈과 역사 앞에 떳떳하고자 했다. 그래서 의(義)라고 생각되면 사약도, 삼족을 멸함까지도 마다 않고 신념을 좇았다.

그런데 우리는 이렇게 귀한 우리의 정신을 잃어 버렸다. 나를 잃어버렸다. 마침내는 중심이 없는 경제 동물이 다 되어 버렸다. 윤리가 무너지고 도덕성이 증발되고 양심을 잃게 되었다.

그래서 혹자는 오늘날을 가리켜 "형이하학(形而下學)은 있어도 형이상학(形而上學)이 없다. 향락은 즐기면서 근심할 줄 모른다. 종교는 있어도 기도가 없다. 인간은 있으나 인격은 없다."고 통탄하고 있다. 양심의 보루라 할 판검사들을 보라.[105)]

또 한번 개헌 정국이 휘몰아칠 듯하다.[106)]

의원수가 3분의 2에는 태부족인데도 어찌 당당히 개헌을 운운할까? 다 믿는 곳이 있기 때문이리라. 벚꽃들이야 그 몇 푼어치나 되기라도 할 것인가?

1999년 1월 22일 금요일

105) 사법개혁 차원에서 비리 판검사의 형사처벌이 있었다.
106) 김대중 후보가 대선에 당선되기 위해 김종필씨와 연대하면서 내각제 개헌을 약속했다. 그러나 김대중씨가 거짓으로 한 약속이므로 개헌은 소리만 요란하다 이루어지지 않았다.

85

떳떳 상(常) 평할 평(平) 통할 통(通) 보배 보(寶) 자(字),

구멍은 네모지고 사면(四面)이 둥글어서 때대굴 굴러서 간곳 마다 반기는구나!

어째서 조그만 쇳조각을 두창이 다투거니, 나는 아니 좋아라.

〈작자미상〉

「엽전 상평통보는 속에 난 구멍은 네모지고 둘레가 둥글어서 댁대굴 굴러다니기를 잘도 한다. 돌고 돌아 안가는 곳 없는 이것을, 가는 곳마다 미친 듯이 반기는구나.

어째서 이 조그만 쇳조각을 박이 터지도록 다투어 서로 가지려고 악착들이란 말인가? 그러나 나는 이것을 별로 좋아하지 않는다.」

상평통보라는 엽전은 조선 인조 11년과 숙종 4년에 주조해 쓰던 엽전인데 상평청(常平廳)에서 주조하였기 때문에 붙여진 이름이다. 세상 사람들이 분별없이 다투어 재물을 탐함을 희화(戱化)해서 비판한 시조이다.

떳떳하지 못한 재물에 대한 탐욕을 엽전의 둥근 모양에서 찾고 있는 착상이 기발하다.

예나 지금이나 인간의 탐욕은 경계의 대상이었다. 건강한 욕망은 집안과 나라를 부강하게 하지만 비뚤어진 탐욕은 사람과 집안과 나라를 망하게 한다.

흥하는 나라는 나라에 기강이 서서, 높고 낮은 관리들이 부정한 재물을 탐하지 않는 나라요, 망하는 나라는 위로는 나라님에서부터 아래로는 말단 이속에 이르기까지 부정한 재물을 탐하는 나라이다.

자고로 나라가 망한 까닭을 보라. 외침을 당해서 망한 나라도 따지고 보면, 부패가 외침을 불렀던 것이요, 백성에게 목숨 바쳐 싸울 의욕을 잃게 했기 때문이다.

소금은 먹은 놈이 물을 켜는 법, 시차의 문제이지 대가성 없는 뇌물(떡값)이 세상천지 어디에 있겠는가? 물고기는 떡밥으로 미끼를 해서 코를 꿰어 낚는 법.

옛날에는 품계로 지체를 정하였으나 근래에는 떡값으로 품계를 알 듯도 하다. 몇 조 단위로 감옥 출입을 하신 분, 몇 천만 혹은 억대로 불구속 기소된 분들, 몇 백만원으로 물러나는 분들…….

큰 떡값 문제로 옥에 가면서도 TV에 비치는 모습엔 부끄럼이 없었던 사람들…….107)

관행이라는 떡값이 언제나 사라질고?

1999년 2월 5일 금요일

107) 당시 김대중 정부에서도 여느 정부에서처럼 많은 이가 비리에 연루되어 감옥에 갔다.

86

골골이 들리는 소리 좋기도 좋을시고,
암계(巖磎)를 다 지내고 굽이굽이 돌아가니,
무엇이 맺힌 일이 있건대 열열명(咽咽鳴)을 하는가.

〈권 섭〉

「골골이 들리는 소리가 좋기도 좋을시고, 바위 사이의 계곡 시내를 다 지나서 굽이굽이 돌아 흐르니 참으로 좋기도 좋구나. 그런데 아름답게 흐르는 물아, 너는 무슨 맺힌 한이라도 있건대 그렇게 흐느껴 울면서 흐른단 말인가?」

봄기운 따스함에 눈이 녹아내리고, 계곡 바위틈으로 물이 불어 흐르니 부서져 소리 내며 흐르는 모습과 그 소리가 더할 수 없이 아름답다. 그런데 어찌하랴. 봄 경치를 완상(玩賞)하는 즐거움도 잠깐, 부서지는 물소리도 시적 자아의 아픈 마음을 달래지는 못하여, 이내 흐느껴 울 뿐이다.

참으로 이 시조 작자의 뛰어난 글 솜씨가 놀랍다고 하겠다. 그 표현의 묘는 중장이다. 중장은 초장의 원인이므로 서로 도치된 것이라 할 것이며, 또한 종장의 원인이기도 하다. 이런 능란한 표현은, 짧은 형식 속에서도 봄경치의 아름다움을 찬탄하면서, 아울러 슬픈 자신의 심회를 표현하기에 부족함이 없다. 춘래불사춘(春來不似春)이라 했던가. 계절의 봄은 왔건만 마음은 함께 봄을 누리지 못하는 슬픈 심정이다.

옛적에도 이렇게 사사로운 일로서나 세상사 안타까움으로 인하여, 계절의 변화를 누리지도 못할 만큼, 슬픈 처지에 처했던 경우가 있었던가 보다. 오늘날 우리의 현실이 바로 이런 처지가 아닐까? 봄소식 꽃소식으로 가득해야 할 지면(紙面)에는 정부의 무지로 인한 어민들의 분루(憤淚)[108]가 가득하고, 정년 단축이다. 퇴출이다. 기업 합병으로 실직자가 넘쳐 나고, 듣지도 못했던 빅딜 파동으로 기업 도산이 줄을 이었다. 스스로 개혁한다고 개편한 정부 부처를 또 다시 개혁한다니, 개역(改逆) 개악(改惡)하다가 나랏일은 언제 하며, 또 얼마나, 많은 공무원이 거리에 나앉을 것인가?

남의 일이 아니다. 모두가 내 일이다 함께 걱정하고 함께 풀어나가자. 수술만이 살 길이 아닐 수도 있다. 살 사람을, 살린다고 수술해서 죽이는 경우도 있는 법이다.

1999년 3월 12일 금요일

108) 한일 어업협정 잘못으로 우리 황금 어장을 내어준 일.

87

내 마음 둘 데 없어 가사(歌辭)를 제작(製作)하니,
정대군자(正大君子)는 다 옳다 하내마는.
어찌타 폐일(蔽日) 부운류(浮雲類)는 이 다 외다 하나니?

〈강복중〉

「비뚤어진 세상사로 내 마음을 둘 곳이 없어서 가사를 지어 그 안타까운 심회의 일단을 드러내니, 생각과 뜻이 바르고 옳은 큰 군자는 다 옳다고 하지마는 어찌하여 나라님의 총명을 가리는 간신배들은 이마저도 잘못이라 하는고?」

세상사를 걱정한 선비의 안타까운 심정을 토로한 시조이다. 예나 지금이나 세상사를 두고 안타까워하는 일이 있었음은 매일반이었던 듯하다.

지난 보궐선거에 따른 여야의 부정선거공방을 보면서 위 시조에 유독 눈길이 가는 것은 잘못된 시각일까? 소탐대실(小貪大失)이란 말이 생각나는 국면이다.

작은 일을 자상하게 보살펴서 인(仁)과 덕(德)을 쌓는 경우도 있고, 세세한 일은 접어두고 큰일에 현명하게 대처함으로써, 역사의 물꼬를 돌려놓는 경우도 있는 법이다.

얻어서 해(害)가 되기도 하는가 하면, 베풀어서 덕이 되는 경우도 있다. 여기에 지도자의 도량이 나타남이 아닐까?

누가 뭐래도 낮은 투표율은 시사하는 바가 적지 않다. 쌍방의 시비가 가려지지 않으니 어느 편의 손을 들어줄 수도 없고, 필자는 가사를 지어 현 심정을 토로할 형편도 못되고 하니, 다음에 있을 보선에 대한 문제나 출제해서 독자들과 함께 생각함이 어떨지?

다음 중 어느 경우가 더 큰 정치 바른 정치로, 국민들의 존경과 호응을 받을까?

① 자당 후보의 당선에 크게 연연하지 않고 선거법을 철저히 준수해서 공명선거의 본보기를 보여 주는 경우. ② 당력을 기울여 자당의 후보를 당선시킨 후, 이것은 정부에 대한 국민의 지지라고 내세우는 경우. ③ 말썽이 있더라도 당선이 되면 그만이니 기회가 있을 때 한 석이라도 더 늘리는 경우. ④ 말썽에 대한 시비에는 반박할 논리를 마련하고 피장파장의 입장을 취하는 경우. ⑤ 부정이 있으면 쌍방의 탈법을 철저히 조사 처벌하라고 엄중 지시나 해서 물타기를 하는 경우.

순리(順理)는 천리(天理)요, 천리(天理)는 민심(民心)이다. 정치개혁은 무슨 명분으로 할 것이며, 제2건국은 누구와 더불어 할 것인고.[109)]

1999년 4월 9일 금요일

109) 김대중 정부는 정치 개혁한다고 요란하면서도 실은 여당이 탈법을 불사하며 생사결단으로 보선에서 이기려는 모습을 보였다. 이에 대한 비판임. 김대중 대통령은 대한민국 정부수립의 정통성을 적극옹호하지 않은 정치인이었다.

88

유방백세(遺芳百世) 못하여도 누명(陋名)은 삼가리라.
물욕(物慾)을 멀리하고 충효(忠孝)를 생각하면,
아마도 사후 누명(死後陋名)은 면하려니.

〈이세보〉

「꽃다운 이름을 후세에 길이 전하지는 못하더라도 이름을 더럽히는 일은 삼가리라. 부정한 재물에 대한 욕망을 멀리하고 충성과 효도만을 생각한다면, 아마도 죽은 후의 더럽혀진 이름은 면하리니…….」

"호랑이가 죽으면 가죽을 남기고 사람은 죽어도 이름은 남겨진다(虎死留皮 人死留名)"고 했다. 삶이 어떠했느냐에 따라 누명(陋名)을 남기기도 하고, 방명(芳名)을 남기기도 한다는 말이니, 명예로운 이름을 남길 수 있도록 값진 삶을 살라는 말이다.

우리 선인들은 후세에 이름 남기기를 좋아했으니, 남이(南怡)는 "남아가 이십에 나라를 태평하게 하지 못하면 후세에 모름지기 대장부라고 일컬어질 것인가〔男兒二十未平國(남아이십미평국) 後世誰稱大丈夫(후세수칭대장부)"하고 호기를 토로했다. 또 세인들은 덕을 베푼 이나 선정을 베푼 관리를 위해서는 송덕비(頌德碑)를 세워 그 덕을 오래도록 기리고자 했다. 이처럼 우리 선인들은 살아서 누명(陋名)을 남기기보다는 차라리 죽어서 방명(芳名)을 전하고자 했다. 그래서 효자, 열녀, 충신, 청백리가 많이 나왔다. 그러나 이들이, 어찌 이름 석자가 전해지기만을 기대했을 뿐이겠는가? 그들은 인(仁)과 의(義)를 소중히 여겼다.

그래서 안중근, 윤봉길, 이봉창, 유관순, 무명의 독립군 등 참으로 많은 분들이 살신성인(殺身成仁)을 할 수 있었다.

그런데 오늘날 우리들에게는 왜 선인들로부터 물려받았을 그 명예와 양심과 정의가 실종되어 버렸는가? 왜 이름과 명예는 아랑곳하지도 않고 고하(高下)간에 오직 한 건, 한 탕만을 생각하는가?

애당초 기대를 하지 않으면 실망도 적은 법. 그럼에도 혹시나 하던 기대가 역시임을 확인하는 실망도 적지 않은가 보다. 무슨 일을 한답시고 사람을 잡아들이고, 내쫓고, 정년을 단축시키고, 박봉마저 잘라 버리던 사람들 말이다.[110] 국민들은 어린이 돌반지며 할머니 결혼반지까지 팔아 외채를 상환하는 사이에, 저들은 몇 천 만원하는 밍크코트를 줬다 안 받았다 하는 모습이란 참으로 가관이 아닌가?[111]

1999년 5월 31일 월요일

110) 무슨 개혁이다 하면서 국정을 어지럽힌 김대중 정부 사람들.
111) 영부인을 비롯한 장관, 검찰총장 부인들이 어울려 뇌물을 주고받아 사회적 지탄을 받은 사건.

89

슬프나 즐거우나 옳다하나 외다하나,
내 몸의 할 일만 닦고 닦을 뿐이언정,
그 밖에 여남은 일이야 분별할 줄이 있으랴?

〈윤선도〉

「슬프나 즐거우나, 옳다하나 그러다 하나, 내 몸의 할 일, 곧 나의 신념에 따라서 내가 해야만 할 일만을 행할 뿐이로다. 그 밖의 다른 일이야 생각하거나 근심할 필요가 있겠는가?」

작자 윤선도는 권세에 야합하지 아니하고 곧고 바른 주장을 하다가 수차에 걸쳐 유배를 당하기도 한, 신념과 지조를 지녔던 선비였다.

자신의 신념을 실행하는 굳은 지조와 정의감으로 스스로 할 일만 했던 고고하고도 강직했던 그의 선비정신은 오늘날 우리들을 일깨우는 바 크다.

사람은 사물을 본다. 보되, 바로 보고(正觀) 깊이 보고(達觀) 두루두루 보고(槪觀) 크게 보고(大觀) 모두 보아야(通觀) 한다. 이렇게 보는 것이 관(觀)이다. 이렇게 형성 된 것이 곧 가치관이요, 인생관이요, 세계관이다. 그 관이 어떠냐에 따라 큰 인물이 되고 작은 인물이 되는 것이다. 큰 인물은 높고 넓고 깊은 관을 가지고, 그 관을 따라 어떤 역경에도 굴하지 않고 인생의 거보를 옮기는 것이다. 이럴 때 대중들은 그를 흠모하고 존경해서 따르는 것이다.

대선정국[112]이 한창이다. 철학과 소신과 비전을 지닌 태산준령 같은 믿음을 주는 후보가 아쉽다. 식언을 거듭하면서도 국민의 망각증을 교묘히 타면서 오월동주(吳越同舟)[113]한 사람, 자신이 자란 토양과 뿌리마저 흔들어 버리고는 주관도 없이 언론, 여론의 눈치만 살피는 사람들…….

이 시대는 카리스마를 지닌 영웅을 요구하지 않는지도 모른다. 그러나 억지 논리와 장밋빛 공약(空約)들보다는, 국민에게 고통과 땀을 요구하더라도 나라의 갈 길을 제시하는 후보가 아쉽다.

1997년 11월 20일 목요일

112) 1997년 대통령 선거 정국.
113) 적대 관계인 오나라 왕 부차와 월나라 왕 구천이 같은 배를 탔으나 풍랑을 만나 서로 단합해야 했다는 데서 유래한 말(김대중, 김종필 씨가 연합한 일.)

90

태산(泰山)에 올라 앉아 사해(四海)를 굽어보니,
천지사방(天地四方)이 훤칠도 한저이고,
장부(丈夫)의 호연지기(浩然之氣)를 오늘이야 알괘라.

〈김유기〉

「태산에 올라앉아 온 세상을 굽어보니, 천지사방이 넓고도 훤하구나. 비로소 대장부가 가져야 할 넓은 마음과 큰 뜻을 오늘에야 알겠구나.」

호연지기란 하늘과 땅 사이에 가득 찬 넓고 큰 정기(正氣)요, 도의(道義)에 뿌리박은 공명정대한 마음이다. 의로 거름을 주고 도가 오래 쌓여야만 가질 수 있는 것, 근심하지 아니 하고, 미혹하지 아니하고, 하늘을 우러러 부끄럽지 않은 경지이다. 그래서 예로부터 "어진 사람은 근심하지 아니하며, 지혜로운 사람은 의심하지 아니하며, 용맹한 사람은 두려워하지 아니한다. [仁者不憂(인자불우), 知者不惑(지자불혹), 勇者不懼(용자불구)]"고 했다.

맹자는 일찍이 호연지기를 강조하고, 자기는 호연지기를 기른다 [我楊浩然之氣(아양호연지기)] 고 했다. 그리고 호연지기는 더할 수 없이 크고, 더할 수 없이 굳다. [至大至剛(지대지강)] 고 했다.

호연지기를 가진 사람이 대장부이다. 그는 천하에서 가장 넓은 집인 인(仁)에 살고, 천하에서 가장 바른 자리인 의(義)에 앉으며, 천하에서 가장 큰 길인 도(道)를 얻는다. 그는 백성들과 함께 그 길을 걷고, 알아주는 이가 없어도 홀로 그 길을 간다. 부귀도 그 뜻을 어지럽히지 못하고, 무력(武力)과 수모(受侮)도 그 뜻을 굴복시키지 못한다.

어제 새 대통령의 취임[114]이 있었다. 이제 그는 태산에 올랐다. 환희 트인 가슴으로 천지의 정기(正氣)를 마음에 품어야 할 것이다. 지금까지 그에게서 명(名)과 이(利)와 욕(慾)에 흔들려왔던 지워지지 않는 어두운 그림자가 있다면, 그것은 지금의 이 자리에 오르기까지의 도정(道程)에서 본의와는 달리 겪어야만 했던 일들이었음을 보여주어야 할 것이다.

호연지기를 가지고 큰 업적을 남겨서 국민들의 박수를 받으며 아쉬움 속에 퇴임하는 분이 되기를 기원해 본다.

1998 2월 26일 목요일

114) 김대중 대통령 취임(그의 인품은 호연지기를 가진 국가적 지도자에는 미흡했으나 성공적인 대통령이 되기를 국민들은 소망했다. 그러나 퇴임 후의 평가는 취임전의 염려에 근접했다. 역사가 평할 일이다.)

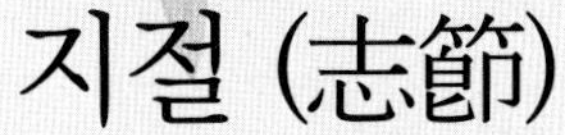

지절 (志節)

조선의 선비들은 절의를 숭상했다.
조선 500 년을 지탱한 것도
바로 이 절의를 숭상한 선비정신이었다.
그것이 우리의 문화요,
우리가 내세울 수 있었던 자부심이었다.
우리 선인들은 이 지조를 생명보다 소중히 여겼다.
그래서 그런 이를 선비라 했고,
후세에 까지도 숭배하고 있다.

91

국화(菊花)야 너는 어이 삼월춘풍(三月春風)다 보내고,
낙목한천(落木寒天)에 네 홀로 피었느냐?
아마도 오상고절(傲霜孤節)은 너뿐인가 하노라.

〈이정보〉

「국화야. 너는 어찌 모든 꽃들이 다투어 피는 따뜻한 봄철을 다 보낸 뒤에 나뭇잎이 져버리고 추워진 계절 가을에 네 홀로 외로이 피었느냐? 생각건대 찬 서리를 이겨내는 높은 절개를 지닌 것은 오직 너뿐인가 하노라.」

가을에 피는 국화를 지사(志士)의 절개에 비유하여 기린 노래다.

예부터 우리 조상들은 뭇 꽃들이 자신의 아름다움을 뽐내는 봄철에 어울려 피지 아니하고 찬 서리가 내릴 때 홀로 피어서 그 향기를 흩뿌리는 국화를, 역경 속에서도 굴하지 않는 군자의 품을 지닌 꽃으로 여겨 숭상해 왔다.

이것은 국화를 예부터 은일자(菊花之隱逸者也)[115]라 해 왔고, 동진(東晋)의 은일지사(隱逸之士)였던 도연명(陶淵明)이 국화를 사랑한[116]데서 영향을 입은 바 큰 듯하다.

115) 周敦頤 (중국 북송의 유학자로 국화를, '벼슬을 마다하고 초야에 묻혀 사는 선비' 라고 함.)

여하튼 우리 선인들은 선비정신을 숭상해 왔고, 그 선비정신의 근본은 지조 곧 절개였다. 그래서 선비들은 서리에 굴하지 않는 국화를 자신(自身)인 양하면서 사랑해 왔다.

"지조란 불의와 타협하지 않고 자신의 올곧은 정신을 지키기 위한 불타는 신념이요, 눈물겨운 정성이며, 냉철한 확집(確執)이요, 고귀한 투쟁"[117]이기까지 하다.

참으로 지조를 지키기란 어려운 일이었다. 지조를 지키기 위해서는 유배를 당하는 비참한 생활과 가문이 몰락하는 최악의 인욕(忍辱)을 무릅써야 했고, 때로는 목숨을 바치기 까지 했다. 그래서 우리 선인들은, 그의 삶에서 그가 보여준 지조의 강도(强度)로 인간을 평가하는 기준으로 삼아왔었다.

이제 찬 서리가 내리고 국화가 피는 계절이다. 그런데도 왜 오늘날은 진정으로 국화를 사랑하는 사람을 찾기가 어려운가?

1997년 10월 9일 목요일

116) 陶淵明 飮酒其五 : 彩菊 東籬下 悠然見南山 [(도연명 음주기오 : 채국 동리하 유연 견남산, 동쪽 울타리 아래에서 국화를 꺾어 들고 유연히 남산을 바라본다.)]

117) 조지훈의 志操論(지조론)

92

바람이 눈을 몰아 산창(山窓)에 부딪치니,
찬 기운(氣運) 새어들어 자는 매화(梅花)를 침로(侵擄)한다.
아무리 얼우려 한들 봄 뜻이야 앗을소냐?

〈안민영〉

「찬바람이 눈을 휘몰아 산장 창문에 부딪치니, 찬 기운이 집 안으로 스며들어 잠자는 매화에 침범해 온다. 그러나 제 아무리 겨울 찬바람이 매화 봉오리를 얼게 하려 한들, 봄기운을 맞아 꽃을 피우려는 매화의 뜻이야 빼앗을 수 있겠는가?」

안민영의 '매화사(梅花詞)' 8 수 중 한 수이다. 우리 선인들은 매화를 기려서 가까이 두고 완상(玩賞)하기를 좋아했다. 뿐만 아니라 이를 포함한 사군자(四君子)를 숭상했다. 그것은 곧 절(節)을 숭상함이었다. 그 중에서도 으뜸이라 할 매화는 눈 속의 추위 가운데서도 꽃을 피워 봄을 전하니 설중매(雪中梅)라 했고, 이를 지조 높은 선비들의 정신에 비유해 왔었다.

매화를 기린 말이 많은데, 빙자옥질(氷姿玉質)이라 하였는 바, 이는 '얼음같이 맑은 모습과 구슬같이 고운 자질'이란 뜻으로 매화의 깨끗함을 이른 말이다. 가인(佳人)을 일컫는 말이기도 했으나, 청빈한 선비의 고결한 삶을 비유한 말이다. 또한 아치고절(雅致苦節)이라 하였으니, 우아한 풍치와 높은 절개를 가진 꽃이란 말이다. 그래서 매화를 한사(寒士)[118]라고 하였다.

우리 조상들은 이렇게 지절(志節)을 숭상하였다. 숭상할 정도가 아니라 삶의 요체(要諦)[119]였다. 그래서 눈보라 속에서도 굴하지 않고 꽃을 피워 봄을 전하는 매화를 숭상했던 것이다.

우리는 이 '절(節)'과 함께 그 바탕인 '불굴(不屈)의 의지(意志)'도 물려받았다. 이번 겨울은 계절의 차가움과 함께 경제적 눈보라가 세차게 몰아친 계절[120]이었다.

어제가 입춘(立春)이다. 제아무리 거센 한파라 할지라도 어찌 봄의 뜻, 매화의 뜻을 꺾을 수 있을 것인가? 의지가 있는 한 봄은 온다.

1998년 2월 5일 목요일

118) 가난하거나 권력이 없는 선비.
119) 중요한 점.
120) IMF 경제위기로 경제가 어려운 시기였음.

93

한식(寒食) 비갠 날에 국화 움이 반가워라.
꽃도 보려니와 일일신(日日新)이 더 좋아라.
풍상(風霜)이 섞어치면 군자절(君子節)을 피운다.

〈김수장〉

「한식을 전후해 비개인 날에 국화 움이 소복이 돋아나니 반갑기도 하여라. 가을이면 아름다운 꽃도 보려니와 날로 날로 자라는 새로움이 더욱 좋구나. 그렇게 자란 너는 따뜻한 계절인 봄·여름을 택하지 아니하고, 가을이 오면 바람과 서리에도 굴하지 아니하고, 오직 네 홀로 군자의 절개를 피울 것이로다.」

국화는 서리의 차가움에 굴하지 않고 홀로 피어 향기를 흩뿌린다하여 이를 오상고절(傲霜孤節)이라 해 왔다. 국화는 매화와 함께 고결한 지조의 상징으로 숭상하여 선비들의 사랑을 받아, 한시(漢詩)나 시조로 많이 노래되어 왔다.

이 시조는 서리를 이기고 핀 국화의 지절(志節)만을 노래한 것이 아니라, 국화의 움에서부터 성장과 개화에 이르기까지를 노래하여 국화를 자기 수양(自己修養)의 본으로 삼고 있다. 국화가 날로 자라 새로워지는 모습에서, "진실로 날로 새로우면 날로 날로 새롭고 또 날로 새로우니라.(苟日新 日日新 又日新)"라고 한 대학(大學)의 가르침을 체득(體得)하고 있고, 가을에 필

국화가 찬 서리를 이기고 향기를 흩뿌릴 것이듯, 자신도 지조 있는 선비가 될 것을 다짐하고 있다.

"지조란 순일(純一)한 정신을 지키기 위한 불타는 신념이요, 눈물겨운 정성이며, 냉철한 확집(確執)이요, 고귀한 투쟁"이라 했다. 우리 선인들은 이 지조를 생명보다 소중히 여겼다. 자신의 소신을 지키기 위해 사약(死藥)도 마다하지 않았으며, 삼족(三族)을 멸하는 처참한 형벌도 마다하지 않았다. 그래서 그런 이를 선비라 했고, 후세에 까지도 숭배하고 있다.

요즈음 정객들의 움직임이 심상치 않은 듯하다.[121] 하기야 벚꽃도 꽃임에는 틀림이 없으니 어찌할 것인가?

1998년 4월 2일 금요일

121) 당시 민주당 의원을 자민련으로 대여해 주는 희대의 일이 벌어지고 있었음.

94

흉중(胸中)에 불이 나니 오장(五臟)이 다 타거다.
신농씨(神農氏) 꿈에 보아 불 끌 약(藥)을 묻자오니,
충절(忠節)과 강개(慷慨)로 난 불이니 끌 약(藥) 없다 하더라.

〈박태보〉

「가슴 속에 불이 일어나니 오장육부가 다 타 들어간다. 약을 만들었다는 신농씨를 꿈에 만나서 가슴 속의 이 불을 끌 약이 있느냐고 물어 보았더니, 충성어린 절개와 불의에 복받쳐 슬퍼하고 한탄하는 데서 생긴 불이니, 세상이 바로 잡아지지 않는 한 그 불은 끌 약이 없다고 하더라.」

작가는 효종과 숙종을 섬긴 자이다. 간교한 무리들이 임금의 눈을 흐리게 하여 어진 인현왕후를 폐비시키는 것을 보고 신하된 자로서 충간(忠諫)을 하다가 도리어 모진 고문과 형벌을 받았고, 이어서 진도로 유배를 가는 도중에 노량진에 이르러서 죽은 분이다. 이 시조는 당시의 그 울분을 토로한 것이다.

나라를 위한 올바른 길을 선택하고 확신을 가졌을 때 불의를 외면하지 않고 죽음으로써 간(諫)하는 것은 충절(忠節)의 표현이다. 그러나 그것이 도리어 가혹한 처벌로 보상될 때 느끼는 심경이 강개(慷慨)이다. 그리고 이런 일을 당한 충의지사들의

가슴은 통분의 불이 타는 것이다. 우리의 역사를 거슬러 볼 때 얼마나 많은 충신지사들이 이러한 심경으로 형벌과 유배와 죽임을 당해왔는가?

그런데 요즘 우리 눈앞에는 의분(義憤) 통분(痛憤)의 원인은 다를지언정 비분강개(悲憤慷慨)하여 가슴 속에 불이 이글거리고 오장육부가 다 타 내리는 자가 수천 수만[122]에 이르게 되었으니, 이 어찌 안타깝고 한스럽지 아니한가?

옳은 일 바른 말을 한 것이 충신들의 죄였다면, 이분들의 죄는 직장을 가졌던 것, 그리고 열심히 일했던 것뿐이다. 죄 없이 직장을 잃고 거리로 내쫓긴 이의 가슴에 타는 불을 누가 꺼줄 것이며, 역사는 이들이 당한 처분을 과연 어떻게 평가할 것인가?

1998년 7월 10일 금요일

122) IMF 사태로 구조조정이란 이름으로 직장에서 퇴출당한 이들을 칭함임.(울분은 경제위기를 예견하고 그렇게도 법안 통과를 정부에서 호소했으나 정략적 차원에서 야당(총재 김대중)이 반대함으로써 결국 IMF를 맞았고 실직을 하게 된 대 대한 울분도 있음.

95

주려 죽으려 하고 수양산(首陽山)에 들었거니,
현마 고사리를 먹으려 캐었으랴?
물성(物性)이 굽은 줄 미워 펴보려고 캠이라.

〈주의식〉

「백이(伯夷)와 숙제(叔齊)가 주(周)나라의 곡식을 안 먹고 굶어서 죽으려고 수양산에 들어갔는데, 설마 고사리를 먹기 위해서 캔 것이랴? 다만 고사리의 굽은 성질이 미워서 그것을 곧게 펴보려고 캔 것이니라.」

주(周)의 무왕(武王)이 은(殷)의 주(紂)를 치고 주(周)나라를 세웠다. 고죽군(孤竹君)은 죽음으로써 이를 말리었으나 뜻을 이루지 못했고, 그의 아들 백이와 숙제는 주나라의 녹을 먹지 않으려고 수양산으로 들어가 고사리를 캐어 먹다가 굶어 죽었다. 이 고사로 인해 우리 선인들은 이들을 충의(忠義)와 절의(節義)의 본(本)이라 하여 받들어 왔다.

성삼문(成三門 : 1418~1456, 사육신의 한 사람))은 그의 '절의가(節義歌)' 라는 시조에서 "주려 죽을 진들 채미(採薇)도 하는 것가?"라고 하여, 이들 백이와 숙제의 절의가 오히려 미흡함을 원망했다. 그런데 이 주의식의 시조는 성삼문의 시조에 대해 백이와 숙제를 변호라도 하는 듯하다. 고사리를 따 먹고 연명을 하려고 한 것이 아니라, 실은 굽은 물성을 지닌 고사리를 펴 보려 했음이라고 해서, 역시 백이, 숙제가 절의의 본임을 강조하고 있다. 성삼문의 '절의가' 나 이 시조나 간에 모두 백이, 숙제를 빌어서 세상에 절의가 없음을 안타까워하고 자신의 절의를 다짐하고 있다.

그렇다. 조선의 선비들은 절의를 숭상했다. 조선 500 년을 지탱한 것도 바로 이 절의를 숭상한 선비정신이었다. 그것이 우리의 문화요, 우리가 내세울 수 있었던 자부심이었다.

그런데 요즈음은 아무리 산업화, 도시화로 인해 비인간화, 개인주의화, 비인격화가 팽배해 졌다고는 하지만, 총리나 부총리를 지낸 사람, 국회의원이란 사람들까지도 TV탤런트들이 새 배역에 옮겨 출연하듯, 이 정권 저 정권에 옮겨 다니며 빌붙는다. 이런 모습[123)]을 보면서 비분을 느끼는 것은 시대착오일까?

1998년 9월 11일 금요일

123) 김대중 정권에 김종필 자민련이 야합한 것과 의원 대여해 주기, 이한동 총리 입각 같은 이합집산을 비판한 것임.

96

풍상(風霜)이 섞어 친 날에 갓 피운 황국화(黃菊花)를,
금분(金盆)에 가득 담아 옥당(玉堂)에 보내오니,
도리(桃李)야 꽃인 체 마라 님의 뜻을 알리라.

〈송 순〉

「바람과 서리가 뒤섞이어 내린 날에 임금님께서 이제 막 핀 노란 국화를 좋은 화분에 가득 담아 홍문관에 보내셨으니, 복사꽃 오얏꽃들아 꽃인 체도 하지 마라. 서리를 이기고 핀 국화꽃들을 보내신, 임금님의 높은 뜻을 알겠노라. 성은이 망극하오이다.」

이 시조는 명종 임금이 어원(御苑)에서 가꾼 황국을 홍문관(弘文館)에 내려주시며 시를 지어라 하시매, 송순이 지어 올려 임금의 상과 사랑을 받은 글이라 한다. 그래서 제목을 '자상특사황국옥당가(自上特賜黃菊玉堂歌)' 라 한다.

꽃이라면 봄의 도리(桃李)를 대표로 삼으나 변절자를 상징해 왔고, 국화는 사군자 중의 하나로 매화와 더불어 지조(志操)를 나타내는 대표적인 꽃이었다. 그래서 오상고절(傲霜孤節)이라 했다.

아무튼 이 시조는 국화와 같이 절개를 지키는 신하가 되어 달라는 임금임의 뜻을 받들어, 도리와 같이 변절하는 일이 없이

충성된 절개를 지키겠노라는, 작자 자신의 강한 의지를 나타낸 것이라 할 것이다.

음력 9월은 국화의 계절이다. 그런데 요즈음은 황국의 모습은 드물고, 개량된 제멋대로의 모양과 색깔을 한, 국화 아닌 국화가 사철을 가리지 않고 횡행한다. 국화가 이런 것처럼 세상에도 지조 절개를 지니는 이를 찾기가 힘들다.

'여인은 자신을 사랑하는 이를 위해 목숨을 바치고, 장부는 자신을 알아주는 이를 위해 목숨을 바친다.' 고 했던가. 임금이 인(仁)과 덕(德)으로 신하를 사랑할 때, 신하는 충(忠)과 절(節)로 섬기고 보답하는 법. 시대가 달라져서 충과 절의 대상은 달라졌어도 그 근본은 같은 법인데, 새 정부만 들어서면 관례처럼 공무원 죽이기, 교사 죽이기에만 열을 올린다. 그러나 어쩌랴? 목구멍이 포도청이라 모멸(侮蔑)과 치욕을 감수하고라도 벌벌 떨 수밖에…….

세상이 썩어 보여도 선한 사람이 많은 법. 공무원이 부패해 보여도 박봉에도 성실히 일하는 이가 많은 법, 지탄 받는 교사가 만(萬)에 일(一)이 있다면[124] '선생질' 을 천직(天職)으로 여기는 이가 많은 법이다.

"단축한다. 자른다."는 위압보다는 어려운 시기이니, 더욱 용기를 내어 일하자는 따뜻한 호소가 아쉬운 시기이다.

1998년 10월 30일 금요일

124) 교육개혁이랍시고, 교원의 정년을 단축하기 위해 특정인의 비리를 내세워 여론 몰이로 교원들의 입막음을 하던 시기였음.

인륜 (人倫)

사람(夫婦, 兄弟, 朋友)의 도리
부부간의 도리와 사랑은
어느 일방의 굴욕적인 맹종과 공경이 되어서는
안 될 것이지만, 오늘날처럼 얕은 감정이나
본능적 욕구의 끌림에 따른
즉흥적 결합이어서도 안 될 것이다.
겸손과 공경 곧 예는 굴종이 아니다.
서로가 서로를 위해 자기를 내어줌이다.
내어줌은 내 몫을 들어내서 상대에게
주는 것이니, 나를 낮춤이요, 상대를 받드는 일이다.
그것이 희생이요 헌신이다.
이것이 예이고 사랑이다.

97

지아비 밭갈러 간 데 밥고리 이고 가,
반상을 들오되 눈썹에 맞추이다.
친코도 고마오시니 손이시나 다라실가.

〈주세붕〉

「남편이 밭갈이 하러 들에 나갔을 때에 아내는 밥고리를 이고 가서, 남편에게 밥상을 받들어 올리되 눈썹 높이까지 올려서 정중하게 받듭니다. 남편이란 친하고도 고마우신 분이시니 손님과 다를 것이 무엇이겠는가?」

이 시조는 주세붕의 오륜가(五倫歌) 중 '부부유별(夫婦有別)'을 가르친 것으로, 중국 한나라 사람 양홍의 아내 맹광이 남편을 대하기를 지극히 공경하여 거안제미(擧案齊眉)하였다고 하는 고사를 인용한 것이다.

부부유별의 오늘날의 참뜻은, 부부가 서로 자신의 도리를 다하면서 서로를 존중하고 예의를 갖춤이 있어야 한다는 가르침으로 새겨야 할 것이다.

그런데 오늘날에 와서는 남편 기살리기 강습회가 성황을 이루는 세상이다. 남녀 평등이니 여권 신장은 낡은 구호이고, 부권 찾아주기도 묵은 구호이다. 아내에게 매를 맞고 사는 남편이 없지 않은 세상이다. TV연속극에서 남편 휘날리기는 더 이상

웃음거리가 되지 못한다. 높은 이혼율과 부권 상실에 따른 가정 교육 부재는 심각한 사회 문제이다.

이런 현실 속에서 이 시조가 주는 가르침을 되새겨 봄직하다. 부부간의 도리와 사랑은 어느 일방의 굴욕적인 맹종과 공경이 되어서는 안 될 것이지만, 오늘날처럼 얕은 감정이나 본능적 욕구의 끌림에 따른 즉흥적 결합이어서도 안 될 것이다.

'부부간의 도리, 곧 사랑은 서로를 존중하고 신뢰하고 희생하며 예의를 갖춘 가운데 서로의 정을 두텁게 쌓아가는 것' 이라는 가르침으로 되새겨서 배울 일이다.

1997년 3월 8일 토요일

98

살아서 동실(同室)하고 죽어서 동혈(同穴)하니,
은정(恩情)도 중(重)커니와 예법을 차릴 것이.
금슬(琴瑟)을 고(鼓)타듯 하여 상경여빈(相敬如賓) 하여라.

〈작자미상〉

「부부란, 살아서는 한 방에서 같이 살아가고 죽어서는 한 구덩이에 같이 묻히는 사람들이니, 서로가 은혜로이 사랑하는 마음도 소중할 뿐만 아니라 예절과 법도를 차리는 일도 또한 중요하다. 거문고와 비파를 타듯 부부가 화합하여 서로 공경하기를, 손님 대하듯 하여라.」

부부의 소중함과 부부간에 가져야 할 정과 도리를 가르치는 시조이다. 우리 선인들은 "한 몸 둘에 나눠 부부를 삼으실새"라고 한 정철의 시조처럼 부부는 원래 한 몸이라 했다. 그래서 부부는 일심동체(一心同體)니, 이성지합(二姓之合)이라 하기도 했다.

살아서 동고동락하고 죽어서는 한 곳으로 가는 것이 부부라고 하여, 부부는 합장(合葬)[125]이 제격이라 여겼다. 그러므로 부부는 일생을 한 마음으로 서로 돕고 의지하며 살아가니 서로를

125) 남편과 아내를 한 무덤에 묻음.

은혜롭게 여겼다. 이렇게 서로가 감사하는 마음으로 살아가니 따뜻하고 깊은 정과 함께 예의와 법도가 절로 따랐다. 그래서 부부간의 다정하고 화목한 즐거움을 거문고와 비파의 조화에 비겨 금슬지정(琴瑟之情)이라 했다. 이런 조화와 화합 속에서 손님을 대하듯 서로를 공경하면서 살았다.

선인들은 부부간의 윤리를 오륜의 근본(夫婦一倫 五倫之本)이라 할 만큼 소중히 여겼다. 부부유별(夫婦有別)은 어느 일방의 굴종을 요구하는 윤리가 아니었다. 아내를 경대하기를 손님과 같이 했다(敬待如賓)는 춘추시절의 사람 '각결(郤缺)'을 숭상했고, 밥상을 눈높이까지 들어 남편을 공경(擧案齊眉:거안제미)했다는 한나라 양홍의 아내 '맹광(孟光)'을 본받고자 했다.

가정의 근본인 부부의 의미를 되새기고 선인들이 가르치는 부부간의 도리를 깨우치는 일은 현재의 우리들에게 많은 시사점을 준다. 부부는 이해(利害)로 따질 일이 아니고, 부부는 애정만으로 사는 것도 아니며, 일방을 위한 종사자도 아니다.

1998년 6월 12일 금요일

99

부부(夫婦)를 중(重)타 한들 정(情)만 중(重)케 가질 것가?
예별(禮別)없이 거처(居處)하며 공경(恭敬)없이 좋을소냐.
일생(一生)에 경대여빈(敬待如賓)을 기결(冀缺)같이 하오리라.

〈박인로〉

「부부가 소중하다고 하면서 남녀 간의 정만을 중하다고 해서야 되겠는가? 부부유별의 예도 없이 어울려 살아가고, 부부로 살아가면서도 서로 간에 공경함이 없이 살아간다면 좋을 리가 있겠는가? 기결(冀缺)이 행한 것처럼, 일생을 함께 살아가는 부부이니 서로 공경하기를 손님과 같이 대하리라.」

박인로의 '오륜가' 가운데 부부유별을 노래한 세 번째 수이다. 중국 춘추 때 진나라 사람 기결[이름:각결(郤缺)][126]이 아내를 지극히 공경하였다는 고사를 인용하여 부부간의 도리를 가르친다. 중국인명사전에 수록된 고사를 보면 기결은 아내를 공경하기를 마치 손님을 대하듯 하였다고(相敬如賓:상경여빈) 한다. 오늘날은 참으로 사랑의 홍수 시대라 할만하다. 시중의 노

126) 기결(冀缺)의 冀는 벼슬 호칭임. 이름이 각결(郤缺)임.

래 말에 사랑 아닌 것이 없고, TV연속극이며, 영화, 문학, 각종 문화·예술에 사랑 아닌 것이 없다. 그러나 거기에는 사랑이 없다. 좋아하는 마음 서로 끌리는 감정만 있고, 자기를 아껴주고 위해주기만을 바라는 이기(利己)가 있고, 육적인 쾌락이 있을 뿐이다. 그래서인지 결혼한 부부들의 이혼율이 50%에 육박하고 있다. 부부간의 사랑에 예(禮)가 없기 때문이다.

사랑하는 부부 사이에도 예가 있어야 한다. 법도를 지켜서 거리를 두라는 말이 아니다. 예의 근본은 사양(辭讓)[127]이다. 사양은 곧 겸손(謙遜)이다. 겸손해야 경(敬)할 수 있다. 그러므로 사양하는 마음, 겸손이 있어야 상대를 공경할 수 있다. 공경함이 예이다. 겸손과 공경 곧 예는 굴종이 아니다. 더구나 어느 한편만의 굴종을 요구하는 것은 더더욱 아니다. 서로가 서로를 위해 자기를 내어줌이다. 내어줌은 내 몫을 들어내서 상대에게 주는 것이니, 나를 낮춤이요, 상대를 받드는 일이다. 그것이 희생이요 헌신이다. 이것이 예이고 사랑이다. 성철 종정은 결혼식 주례사에서 상대로부터 "득을 보려고 하지 말고 득을 보여주는 삶을 살라"고 신혼부부에게 당부했다. 한용운은 복종이라는 시에서 "복종하고 싶은데 복종하는 것은 아름다운 자유보다도 달콤합니다. 그것이 나의 행복입니다." 라고 노래했다. 우리도 나를 내어주는 데서 행복을 누리는, 예가 있는 사랑을 하자.

2010년 5월 12일 수요일

127) 辭讓之禮 禮義之根本 (사양지예 예의지근본) : 사양의 예가 예의의 근본이다.

100

형아 아우야 네 살을 만져 보아라.
뉘 손에 태어났기에 양자조차 같으신가?
한 젖 먹고 길러나서 딴 마음을 먹지마라.

〈정 철〉

「형아, 아우야 네 살들을 한 번 만져 보아라. 너희 형제는 누구에게서 태어났기에 얼굴의 생김새까지도 닮았단 말인가. 한 부모의 정기를 받고 같은 젖을 먹으며 자란 몸이니, 행여 딴 마음을 먹어 불화하지 말아라.」

송강(松江) 정철의 훈민가 중 한 수인 '형우제공(兄友弟恭)' 이란 시조로 형제간의 우애를 강조한 시조이다.

부자(父子), 형제(兄弟) 사이의 도리를 천륜(天倫)이라 하지만, 부모의 자식 사랑은 선천적인 것이고, 형제간의 우애는 후천적인 것이어서인지, 고시조에는 부모의 자식 사랑을 담은 시조는 찾기가 어렵고, 형제간의 우애를 가르친 시조는 여러 수가 보인다.

이렇게 우리 선인들은 후손들에게 우애를 가르쳤다. 이런 시조들의 내용을 살펴보면 형제는 같은 부모의 정기를 타고났음과 한 어머니의 젖을 먹고 같은 부모의 사랑을 받았으며, 두 몸으로 나뉘었으나 본래 한 몸이었음을 일깨우고 있다. 또한 뜬구름 같은 재물로 인해 불화하지 말고, 송사(訟事)[128]하지 말 것을 가르치고 있다. 그런데도 옛 선인들 사이에도 형제 불화는 있었던지, 주세붕(周世鵬, 작가해설 참조) 같은 이는 형제가 불화하면 개, 돼지 같다고 가르쳤다.

오늘을 사는 우리들 세상에도 도타운 형제애를 보이는 경우가 많지만, 형제간에 반목하는 경우도 또한 적지 않다. 그러면 그 까닭이 무엇일까? 그것은 첫째가 재물 때문이요, 둘째가 아내들 때문이며, 셋째가 나를 너무 내세우기 때문이다.

주운 금덩이 때문에 형이 미워져서 금덩이를 물에 던져 버렸다는 '형제투금(兄弟投金)'의 고사를 되새기자. 시집온 사람은 시집이 곧 내 집임을 되새기고, 형제가 서로 조금씩 나를 낮추자.

따뜻한 우애를 어찌 천금과 바꾸겠는가!

1997년 10월 30일 목요일

128) 관아에 호소하여 판결을 구하는 일.

101

남으로서 친(親)한 사람 벗이라 일렀으니,
유신(有信) 곧 아니하면 사귈 줄이 있을소냐?
우리는 어진 벗 알아서 책선(責善)을 받아 보리라.

〈낭원군〉

「남으로서 서로 친한 사람을 벗이라고 말하였으니, 믿음으로 맺어지지 않으면 어찌 사귈 수가 있겠는가? 우리는 어진 벗으로 사귀어서 자발적으로 착한 일을 서로 권하는 충언(忠言)을 받아 보리라.」

낭원군의 '오륜가' 중 붕우유신(朋友有信)을 노래한 시조이다. 친구사이에는 신의(信義), 곧 믿음과 의리가 있어야 함을 강조하고, 진정한 교우(交友)는 서로 꾸짖어 선(善)으로 인도하는 것임을 깨우쳤다.

오륜에서는 신(信)을 붕우지도(朋友之道)의 근본으로 가르쳤고, 맹자는 이에 책선(責善)[129]을 첨가했다.

'우(友)' 자는 '𠂇' (왼손)와 우 '又' (오른손)가 합쳐진 글자로, 이는 곧 친구가 서로 손을 잡고 다정하게 악수하는 광경을 상형

129) 벗 사이에 착하고 좋은 일을 하도록 서로 권함.

한 글자다. 친구를 지기(知己)라 하니 나를 알아주는 이라는 뜻이요, 또 막역(莫逆)이라 하니 서로 거역하지 않는 이라는 뜻이요, 동지(同志)라 하니 뜻을 같이하는 이라는 뜻이다. 수어지교(水魚之交), 금란지교(金蘭之交), 죽마고우(竹馬故友)처럼 절친한 사귐도 소중하고, 관포지교(管鮑之交)처럼 역경에 처한 친구를 잊지 않는 사귐도 소중하며, 문경지교(刎頸之交)처럼 친구를 위해 목이라도 잘릴 수 있는 사귐은 너무나도 고귀하다.

이 모든 교우(交友)들이 다 사귐의 윤리를 가르치는 말들인데, 그 모두는 믿음을 바탕으로 하고 있음은 더 말할 나위가 없다. 책선(責善)하는 사귐은, 곧 벗이 서로 위대한 것에 대한 숭경(崇敬)[130]의 염(念)을 가지고 서로가 향상을 위해 서로 자극을 주고 격려하면서 부단히 절차탁마(切磋琢磨)[131]하는 사귐일 것이다. 이상적이고 창조적인 사귐이다.

선인들은 교우(交友)의 도를 가르쳤다. 오늘의 우리도 신(信)·책선(責善)하는 사귐을 행함으로써 후손들에게 붕우의 도를 가르치자.

1997년 11월 6일 목요일

130) 높여 존경하고 사모함.
131) 옥이나 돌 등을 갈고 닦아서 빛을 낸다는 뜻으로 '학문이나 덕행 등을 배우고 닦음'을 이르는 말.

예덕 (禮德)

자녀들에게 선행(善行)을 가르치자.
그러기 위해서는 나 자신부터 선(善)을 행하자.
오늘날 우리가 곤경에 처한 원인은 다름 아니다.
선을 소중히 여기지 않은 까닭이다.
선인들은 법(法)으로 산 것이 아니라
인륜(人倫)과 도덕(道德)으로 살았다.
스스로 인륜과 도덕에서
벗어남이 있어 욕될까를 두려워했으며
남들이 자신을 비난하지 않을까를 먼저 생각했다.
행여 자신의 행실로 인해
부모님의 덕망과 가문(家門)에
누가 될까를 두려워하였다.

102

술도 먹으려니와 덕(德) 없으면 난(亂)하나니,
춤도 추려니와 예(禮) 없으면 잡(雜)되나니.
아마도 덕예(德禮)를 지키면 만수무강(萬壽無疆) 하리라.

〈윤선도〉

「술을 즐기는 데도 덕을 갖추지 않으면 난잡하고, 춤을 추고 즐기는 데도 예를 지키지 않으면 천박스런 법이니, 술을 마시고 춤을 추면서도 덕과 예는 잃지 않아야 복과 수를 누릴 수 있다.」고 했다.

예로부터 우리 민족은 음주가무를 즐겨온 민족이다. 조상들의 시조, 가사 등 문학 작품을 살펴보면 술과 관련된 작품들이 유달리 많음을 볼 수 있다. 이런 사례들로 보아 우리 조상들은 위로는 사대부로부터 아래로는 초동급부(樵童汲婦)에 이르기까지 술과 춤을 즐기면서 인생을 낙천적으로 여유롭게 살아온 민족임에 틀림없다.

그러면서도 거기에는 덕과 예가 있었다. 곧 도(道)가 있었다.

그러나 오늘의 우리들은 과연 조상님들의 그런 미풍양속을 바르게 이어오고 있는가? 1인 당 주류 소비량이 세계에서 메달감이라 하고, 본토에서도 팔리지 않는 고급 양주가 우리나라에서는 날개 돋친 듯 팔린단다. 또 요즈음은 와인의 소비가 급증

한단다. 대형 카바레며 나이트클럽은 지역을 가리지 않고 흥청망청이고, 무슨 폭탄주며 현란한 조명과 굉음은 시간과 처지와 본분을 망각하게 할 뿐이다.

거기에 무슨 덕과 예가 있는가? 광란과 타락이 있을 뿐이다.

결코 술을 마시고 춤을 추는 것이 나쁜 일은 아니다. 그러나 술을 마시고 춤을 추는 데도 덕과 예는 반드시 지켜져야 한다. 그렇지 않으면 술과 춤으로 인해 몸과 마음이 상하고, 지나치면 파경에도 이르게 된다. 그 뿐인가? 가정도 사회도 나라도 망한다.

자 이제 음주 가무의 문화를 고치자. 시(時)와 장소를 가릴 줄 알고, 덕과 예가 있는 음주 가무로….

몸과 마음이 함께 즐겁고, 가정과 사회가 온전하게 하자.

1997년 3월 22일 토요일

103

아침에 한 일 착히 하면 이 마음이 흐뭇하고, 저녁에 한 일 착히 하면 흐뭇던 마음이 즐거우니,

일일이 착하고 또 착하면 날마다 흐뭇하고, 또한 아니 즐거운가?

녜부터 동평왕창(東平王蒼)[132]의 말이 위선(爲善)이 최락(最樂)다 하니라.

〈신헌조〉

「아침에 한 가지 일을 착하게 행하면 마음이 흐뭇하고, 저녁에 한 가지 일을 착하게 행하면 흐뭇하던 마음이 흐뭇함을 넘어 즐거우니, 하는 일마다 착하게 하고 또 착하게 하면 날마다 흐뭇하고 또한 즐겁지 않을 것인가? 예부터 후한(後漢)의 유창(劉蒼)은 '선한 일을 행하는 것이 가장 즐겁다.' 고 하였느니라.」

신헌조(1752~1807)의 선행을 가르친 시조이다. 옛 선인들의 교육은 그 자체가 인륜과 도덕을 가르치고 그 실천을 가르치는 것이 전부였다. 그러면서도 오히려 부족하여 이렇게 시문을 통해서도 선행(善行), 덕행(德行)을 가르쳤다.

132) 後漢 光武帝의 第8子인 劉蒼.(후한 광무제의 제8자인 유창)

그런데 오늘의 현실을 살펴보면, 사람이 되라는 교육, 곧 인륜도덕 교육은 너무나 미미하다. 초·중·고등학교의 '도덕'·'윤리' 교과는 극히 비중이 작은 하나의 시험과목에 불과한 실정이고, 대학에서도 윤리, 철학은 필수과목이 아니다. 인간교육의 바탕이라 할 가정교육은 대가족제도의 붕괴와 번잡한 현대사회의 치열한 생존경쟁으로 인해 부실해졌고, 이마저도 초·중·고 학생들의 과외 열풍과 야간자습에 빼앗겨 버렸다.

오월은 '청소년의 달', '가정의 달', '경로효친의 달'이고, '교육주간'과 '성년의 주간'이 있는 달이다.

자녀들에게 선행(善行)을 가르치자. 그러기 위해서는 나 자신부터 선(善)을 행하자. 악행은 아무리 작아도 병균과 같아서 그것이 점점 불어 사람을 죽게도 하며, 선행은 그것이 아무리 작아도 망고나무 열매와 같아서 그 싹이 자라 수많은 열매를 맺어 세상에 베푼다는 아함경(阿含經)의 말씀을 되새길 만 하지 않은가?

1997년 5월 22일 목요일

104

네 아들 효경(孝經) 읽더니 얼마나 배웠는가?
내 아들 소학(小學)은 모레면 마칠로다.
어느 때 이 두 글 배워 어질거든 보려노?

〈정 철〉

「네 아들은 효경을 읽더니 얼마나 배웠는가? 내 아들이 읽는 소학은 모레쯤이면 마칠 것이로다. 언제쯤이면 이 두 글을 다 읽고 배워서 어질게 자란 아들을 볼 것인가?」

정철의 훈민가 중 자제를 바르게 가르쳐야 함〔子弟有學〕을 깨우친 시조이다. 효경은 공자의 효에 대한 가르침을, 소학은 주자의 예(禮)와 덕(德)에 대한 가르침을 담은 책으로, 선인들의 자녀교육 필독서였다.

우리 조상들의 교육은 철저한 인륜도덕 교육이었다. 천자문을 읽을 때부터 학문을 이룰 때까지 학(學)은 곧 수신(修身)으로서 예와 덕을 닦는 것이었다.

자녀교육의 목적도 벼슬은 부차적이고 먼저 어진 사람, 덕이 높은 사람이 되도록 가르치는 것이었다. 그래서 배움은 효(孝), 충(忠), 인의예지신(仁義禮智信)과 같은 덕목을 수천수만 번을 읽고 듣고 암송하고 깨쳐서 이를 실행하는 것이었다.

사람이 사람다우려면 사람의 도리를 가르쳐야만 한다.

요즈음 세상은 청소년 문제로 요란하다. 그 처방 또한 백가쟁명(百家爭鳴, 많은 사람이 꺼리낌없이 자유로이 논쟁 함)이다. 청소년 문제의 근본 원인은 가르치지 않은 탓이다. 가정도 학교도 사회도 사람의 도리를 가르치지 않는다. 오직 재화를 창출하는 능력, 성공 출세만이 절대적 가치이다. 가정에서는 하나 둘만 낳아 귀한 자식, 아프지만 않고 살아만 주면 족하다. 응석을 받들다 보니 자식이 상전이다. 학교의 도덕 윤리 교육도 1 주일에 한두 시간인 시험과목에 불과하다.

사회 어디에 청소년들이 뛰고 놀고 사색할 공간이나 사람답게 자랄 수 있도록 훈육하는 교육활동이나 문화가 있는가?

후손들이 사람답게 살도록 사람의 도리를 가르치자. 그것이 사람과 동물이 다른 점이다.

1997년 8월 7일 목요일

105

천지간(天地間) 만물(萬物)중에 사람이 최귀(最貴)하니,
최귀한 바는 오륜(五倫)이 아니온가?
사람이 오륜을 모르면 불원금수(不遠禽獸)하리라.

〈박인로〉

「하늘과 땅 사이의 만물 가운데 오직 사람이 존귀한 것이니, 사람이 가장 존귀한 까닭은 오륜을 알고 행하기 때문이 아닌가? 사람이 오륜을 모르면 짐승과 다를 바가 없다 하리라.」

인용한 시조의 초장은 동몽선습(童蒙先習)에 있는 말로서, 우주 만물 중에 오직 인간이 가장 존엄한 존재라고 가르친 말이다. 그런데 인간이 이렇게 존엄한 까닭은 인간에게는 오륜이 있기 때문이라고 했다. 인간이 인간의 탈을 쓰고도 이 오륜을 모르면 날짐승 길짐승에 지나지 않는다고 했다,

오륜이란 무엇인가. 오륜은 고전에나 있는 낡은 가르침이라고 폄하할 일이 아니다. 이는 곧 사람을 사람답게 하는 윤리요 도덕이다. 시대에 따라 자구(字句)의 해석은 달리될 수 있어도, 그 가르침은 소멸될 수 없는 진리이다. 종교와 정치이념을 초월하여 인간이면 누구나 지녀야 할, 인간존중의 사상이라 할 것이다.

인종과 종교 이념을 초월하여 '마더 테레사 수녀'의 선종(돌

아가심)하심을 세계가 슬퍼하고, 그를 성녀(聖女)로 추앙하는 까닭은 그분이 인간을 존중했기 때문이다. 우리가 '나리 양 유괴범' 133)에 대해 통분을 금하지 못하는 것은 그 범인이 인간의 존엄성을 짓밟았기 때문이다.

옛 조상들은 비록 물질적으로는 가난했지만 정신적으로는 사람됨〔五倫〕을 존중하며, 풍요로웠다. 그런데 오늘날 우리의 오륜은 어디로 갔는가?

도덕과 윤리가 허물어지고도 역사에 살아남은 강국(强國)은 없다. 경제의 어려움을 걱정하는 소리는 요란해도 오륜의 무너짐을 걱정하는 소리는 왜 미미하단 말인가? 경제의 뿌리도 다 거기에 있는 것을…….

1997년 9월 18일 목요일

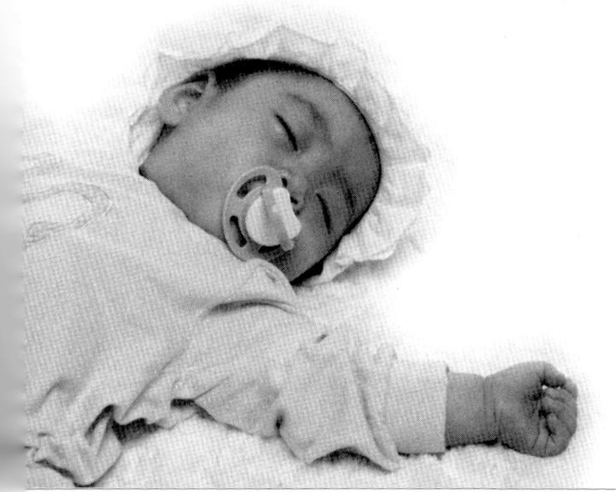

133) 당시 세상 사람들을 가슴 아프게 했던 유괴 사건이 있었음.

106

칠곡(七曲)은 어디매고 풍암(楓岩)에 추색(秋色)이 좋다.
청상(淸霜)이 엷게 치니 절벽(絕壁)이 금수(錦繡)로다.
한암(寒岩)에 혼자 앉아서 집을 잊고 있노라.

〈이 이〉

「고산(高山) 아홉 굽이 중에 일곱째 굽이는 어디쯤인고? 단풍으로 덮인 바위에 서린 가을빛이 좋기도 하구나. 그곳에 맑은 서리가 곱게 내리니 단풍에 덮인 바위가 마치 수놓은 비단처럼 아름답구나. 차가운 바위에 혼자 앉아서, 경치에 도취해서 집으로 돌아갈 것을 잊고, 번거로운 세간사도 다 잊고 있노라.」

율곡(栗谷)이 지은 고산구곡가(高山九曲歌)중 여덟째 수이다. 벼슬에서 물러나 해주 석담에서 제자들을 가르치며 그곳 고산 아홉 굽이의 풍경과 감회를 읊은 것이다. 이 시조는 서곡에서 "무이(武夷)를 상상하고 학주자(學朱子)를 하리라."고 한 것에서 보듯, 주자의 무이구곡(武夷九曲)을 본뜬 것이다.

무이구곡은 주자가 무이의 경치를 읊은 것이로되, 조선의 유자(儒者)들이 이를 입도차제(入道次第: 도에 이르는 차순)적인 것으로 이해했듯이 이 시조도 성리학의 입도차제를 노래한 것으로 이해되기도 한다. 그런데 이를 이렇게 이해하는 것도 문제지만, 단순히 자연경치를 찬탄한 풍류적인 시조로 이해하는 것도 문제가 있다.

율곡은 성리학자였다. 성리학자들에게 있어서의 글은 도를 담는 그릇(文者載道之器:문자재도지기)이었다. 그들에게 있어서의 자연은 인간의 성정(性情)을 회복하게 하는 곳이었다. 따라서 율곡이 자연의 아름다움을 노래한 것은 자연과 하나 되는 기쁨을 노래한 것이요, 곧 자연과 같은 성정을 회복한 기쁨을 노래한 것이라 할 것이다.

그들이 세속으로 나갔다가 자연으로 귀은(歸隱)함은 타락했던 성정을 회복하는 일이었다.

자, 이제 단풍이 붉다. 우리도 놀고 즐기는 단풍이 아니라, 잃은 성정, 본성(本性) 을 조금이라도 되찾는 단풍놀이가 되게 하자.

1997년 10월 16일 목요일

107

까마귀 속 흰 줄 모르고 겉이 검다 미워하며,
갈매기 겉 희다 사랑하고 속 검은 줄 몰랐더니,
이제야 표리흑백(表裏黑白)을 깨쳤는가 하노라.

〈안민경〉

「까마귀야 말로 속이 흰 줄을 모르고 겉이 검다고 미워하고, 갈매기는 겉이 희다고 이를 사랑하면서도 실로 속이 검은 줄을 몰랐더니, 이제야 거죽과 속을 바르게 보고 그 선과 악을 깨우쳤는가 하노라.」

이 시조가 사람들에게 일깨우고자 하는 바는, 사람을 외면이나, 그 어느 일면 만으로 평하지 말고, 그 내면을 깊이 헤아려 바르게 평가하라는 것이다.

세상 사람들 중에는 그 어떤 일면으로 인하여, 자신의 참모습을 바르게 평가받지 못하는 사람도 있을 것이고, 자신의 참모습과는 달리, 거짓과 과장으로 자신을 포장하여 과대한 평가를 받고 있는 사람도 있을 것이다.

사람은 누구나 자신의 진면목에 걸맞은 평가를 받고 싶어 한다. 그러나 설령 자신의 선하고 의로운 모습을, 남으로부터 인정받지 못한다고 하더라도 연연해 할 일은 아니다. 공자는 人不知而不慍不亦君子乎(인부지이불온불역군자호)[134]라고 했다. 보석에 흙이 묻었다고 어찌 보석이 아니랴?

하지만 선하지도 바르지도 못한 사람이 자신의 모습을 포장하고 숨겨서 감춘다고 한들, 이는 잠시일 뿐이어서 마치 자루에 감춘 송곳[囊中之錐(낭중지추)] 처럼이내 그 속이 드러날 수밖에 없을 것이다.

역사에는, 의로운 이를 모함하고 매도한 세력들이 일시 득세하여 영화를 누린 적도 적지 않았다. 그러나 이러한 일은 즉시에 철퇴를 맞거나, 혹은 후대의 역사에서 진실이 가려지게 마련이다.

지금 우리는 대선[135]에 출마한 이들을 평가하고 있다. 과연 누가 자신의 검은 속을 가린 사람인지를 살필 일이며, 누가 진실로 속이 흰 사람인지를 바르게 살필 일이다.

1997년 10월 23일 목요일

134) 공자의 논어 학이편에 나오는 말로 '사람이 자기를 알아주지 않더라도 성내지 않으면 또한 군자가 아닌가' 라는 뜻이다.

135) 1997년 대선.

108

선(善)으로 패(敗)한 일 보며 악(惡)으로 인 일 본가?
이 두 즈음에 취사(取捨)이 아니 명백한가?
진실(眞實)로 악(惡)된 일 아니하면 자연위선(自然爲善) 하느니.

〈엄 흔〉

「선으로 패한 일 보았으며 악으로 이룬 일을 보았는가? 이들 사이에 취할 것과 버릴 것이 명백하지 아니한가? 진실로 악한 일을 하지 않으면 저절로 착한 일을 하게 되느니라.」

악을 경계하고 선을 권장한 시조이다. 맹자는 "仁人心也 義人路也(인인심야 의인로야) 仁人之安宅 義人之正路(인인지안택 의인지로야)" 라고 했다. 곧어짐은 사람의 자연스런 마음이요, 의로움은 사람이 가야할 길이며, 어짐은 우리가 살아야할 편안한 집이요, 의로움은 사람이 행해야 할 바른 길이라는 말이다. 여기에서의 인(仁)과 의(義)는 곧 선(善)이다. 일은 반드시 바른데로 돌아가는 것 [事必歸正(사필귀정)], 좋은 원인에는 반드시 좋은 결과가 있게 마련이고 [善因善果(선인선과)], 나쁜 원인에는 반드시 나쁜 결과가 있기 마련이다. [惡因惡果(악인악과)]

악은 일시 성공하는 듯하나 그것은 결코 영원할 수 없으며, 선은 일시 어려움을 겪는 경우가 있기도 하나 반드시 악에 승리한다는 것이다. 善不敗(선불패) 惡不成(악불성)의 진리를 깨우치고 있다. 그런 뒤에 선과 악 중 어느 쪽을 취하고 어느 것을 버릴 것인가 하는 것은 너무나 자명한 일이라는 것이다. 그래서 사람마다 선을 행하면 세상은 절로 선한 세상이 된다는 것이다.

세상 사람들이 선을 소중히 하는 사회는 밝은 세상이고, 선의 가치를 소중히 여기지 않는 사회는 어두운 세상이다. 그러나 우리는 사악한 사람이 잘 되는 것도 보고, 양심을 지키고 불의와 타협하지 않는 사람이 불이익을 당하는 것도 본다. 신(神)도 정의도 없는 것이라고 탄식을 해보기도 한다. 그러나 사회는 궁극적으로 선이 바탕이 될 때에 지탱이 되는 것이다.

오늘날 우리가 곤경에 처한 원인은 다름 아니다. 선을 소중히 여기지 않은 까닭이다. 수단과 방법을 가리지 않고 '나'만 생각하는 사회는 사상누각(砂上樓閣)이다. 이를 우리가 직접 겪고 있지 않은가?

선을 소중히 여기자. 양심을 되찾자. 부끄러움을 되찾자. 그것이 우리를 튼튼히 하는 길이다.

1997년 12월 4일 목요일

109

대천(大川)바다 한가운데 중침세침(中針細針) 빠지거다.

여남은 사공(沙工)놈이 끝 무딘 상앗대를 끝끝이 둘러메고 일시(一時)에 소리치고 귀 꿰어 냈단 말이 있습니다.

님아 님아 온 놈이 온 말을 하여도 님이 짐작 하소서.

〈작자미상〉

「큰 강 깊은 바다 한가운데에 중간치 바늘과 작은 바늘이 빠졌도다. 십여 명의 사공들이 끝이 무딘 상앗대를 저마다 둘러메고 한꺼번에 소리치고 바늘귀를 꿰어 건져냈다는 엉터리 같은 이야기도 있습니다. 그러니 임이시여, 백 사람이 백 가지 말을 하더라도 임께서 짐작해서 들으소서.」

뭇 사람들의 감언이설(甘言利說)에 속지 말라는 당부를 익살스럽게 늘어놓고 있는 사설시조다. 고려가요 정과정곡(鄭瓜亭曲)에서 "…우기시던 이 누구이십니까 / 죄도 허물도 천만 없소이다, / 말이면 말이십니까? / 살피소서 아으…"라고 노래한 시상[136]과 시상(詩想)을 같이하는 시조라 볼 수 있다. 억울하게 모함을 받거나 누명을 쓴 이가 진실 된 자신의 속마음을 밝히고 싶은 심정을 토로한 시조이다.

136) '정과정곡'의 부분을 필자가 현대어로 풀이한 것임.

또한 이 시조는 우리들에게 말의 소중함을 일깨우고 있다. 말은 소중하다. 성경에도 "말씀으로 천지만물을 창조하셨다."고 했고, 우리의 역사서인 고기(古記)에도 "태초에 말씀이 계셨다."고 했다. 곧 말로써 이 세상이 비롯되었음을 말하고 있는 것이다.

말이 곧 문화라는 말이 있다. 그렇다. 인류의 삶과 역사는 말로 이루어져 왔다. 말로 인하여 나라 간에 전쟁도 있었고, 나라의 근본인 헌법도 말로 된 것이며, 정치도 경제도 예술도 말 아니고는 이룰 수가 없다. 말에는 힘이 있다. 만사가 이루어지게 하는 진실 된 말이 있고, 세상을 그르치는 빈말이 있다. 옥석은 가릴 일이다.

난세(亂世)일수록 말을 소중히 해야 한다. 난세에는 근거 없는 말들이 난무하기 쉽다. 나라의 경제가 어렵다고 말한 뒤의 우리 경제를 보라. 어렵다고만 하면 어려워 질 것이요, 극복하자고 하면 극복될 것이다.

1997년 12월 11일 목요일

110

남이 해(害)할지라도 나는 아니 겨루리라.
참으면 덕(德)이오 겨루면 같으리니,
굽음이 제게 있으니 갊을 줄이 있으랴.

〈이정신〉

「설사 남이 나에게 해를 끼친다 할지라도 나는 그와 맞서 겨루지 아니하리라, 참으면 덕이 되고 겨루면 그와 같은 사람이 되거늘 맞서서 겨룰 까닭이 있겠는가? 잘못이 이미 저쪽에 있으니, 그와 맞서서 상대할 까닭이 있겠는가?」

인내의 미덕을 말한 교육적인 시조이다. 인(忍)자는 마음(心) 위에 칼(刀)을 갖다 댄 모양이다. 참는다는 것은 마음이 일어날 때에 이를 칼로 베어 버리는 것이다. 인내는 고통과 모욕과 시련과 분노와 같은 쓰라림을 참고 견디는 것이다. 다투지 않기 위해서는 강한 의지력이 필요하다. 선인들은 인(忍)을 소중히 여기며 살았다. "백번 참으면 집안에 큰 평화가 있다"(百忍堂中有泰和)고 했다.

공자는 모든 "행실의 근본은 참는 것이 으뜸이다."고 하면서 "천자가 참으면 나라에 해가 없고, 제후가 참으면 큰 나라를 이룩하고, 벼슬아치가 참으면 지위가 올라가고, 형제가 참으면 집안이 부귀해지고, 부부가 참으면 평생을 해로할 수 있고, 친구

끼리 참으면 이름이 깎이지 않고, 자신이 참으면 화가 미치지 않는다.(孔子百行之本 忍之爲上, 天子忍之國無害 諸侯忍之成其大 官吏忍之進其位 兄弟忍之家富貴 夫妻忍之終其世 朋友忍之名不廢 自身忍之無禍害)"[137]고 하였다.

노자도 부쟁(不爭)의 사상을 말했는데, "물은 만물을 이롭게 하면서도 다투는 일이 없다.(水善利萬物而不爭, 수선리만물이부쟁)"고 말하고 "원수를 덕으로 갚으라.(以德報怨, 이덕보원)"고 하였다.

우리 선인들은 이런 성현의 가르침들을 좇아서 인(忍)을 인생의 지팡이로 삼고 살아왔음을 이 시조를 통해서도 알 수 있다.

오늘날은 더욱 번잡하게 이해관계가 얽힌 세상이다. 자주성과 개성, 평등과 권리를 중시하는 세상이다.

태평스런 세상을 누리기 위해서는 우리들도 선인들의 참는(忍) 삶, 덕(德)의 삶, 인(仁)의 삶을 배워야 하지 않겠는가?

1998년 4월 17일 금요일

137) 明心寶鑑(공자 백행지본 인지위상, 천자인지 국무해 제후인지 성기대 관리인지 진기위 형제인지 가부귀 부부인지 종기세 붕우인지 명불폐 자신인지 무화해)

111

언충행독(言忠行篤) 하고 벗 사귀기 삼가오면,
내 몸에 욕(辱)없고 외다할 이 적거니와,
진실로 삼가지 못하면 욕급기친(辱及其親)하오리라.

〈박인로〉

「말이 충직하고 진실 되며 행실이 돈독하고 조심스러우며 벗을 사귀되 좋은 벗만을 가려서 사귄다면 내 몸에 욕이 따를 리가 없고 나를 옳지 않다고 할 사람이 적을 것이다. 그러나 진실로 말과 행동이 그릇되지 않도록 삼가지 않으면 자신의 행위로 인한 욕됨이 그 부모에게까지 이르게 될 것이다.」

박인로(朴仁老)의 오륜가 중 붕우유신(朋友有信)을 노래한 것이다. "언충행독(言忠行篤)"은 논어(論語)의 위령공(衛靈公)편에 나오는 말로 "언충신(言忠信) 행독경(行篤敬)"의 준말이다.

우리 선인들은 수신(修身)이 곧 학문(學問)이요, 학문이 곧 수신이었다. 성현들의 가르침을 배우고 익혀서 이를 실행하는 것이 곧 그들의 삶이었다. 성현들의 가르침을 배우고 깨달아 언행(言行)이 바르면 그 정도(定度)에 따라 학자요, 선비요, 사람이라 했고 이를 배우지 못하고 배워도 행하지 못하면 더불어 사귀고 어울릴 사람의 축에 들지를 못했다.

선인들은 법(法)으로 산 것이 아니라 인륜(人倫)과 도덕(道德)

으로 살았다. 스스로 인륜과 도덕에서 벗어남이 있어 욕될까를 두려워했으며, 남들이 자신을 비난하지 않을까를 먼저 생각했다. 행여 자신의 행실로 인해 부모님의 덕망과 가문(家門)에 누가 될까를 두려워하였다.

오늘은 제50회[138] 제헌절이다. 헌법의 제정으로 나라가 섰다. 도덕의 구체화가 법이라고 한다. 그렇다면 도덕이 서야 법이 서고 법이 서야 나라가 선다.

선인들과 같이 덕(德)을 지켜 덕치(德治)의 시대에는 살지 못한다 하더라도, 스스로 법을 지켜야 법치(德治)의 시대를 누릴 것이 아닌가? 군치(軍治)의 시대는 이미 갔고 민치(民治)의 시대가 거듭 왔으니, 이제 인치(人治)[139]가 없기를 기대해 본다.

1998년 7월 17일 금요일

138) 2010년은 62회.
139) 탈법적인 독재 정치.

112

개야미 불개야미 잔등 부러진 불개야미 앞발에 정종(疔腫) 나고 뒷발에 종기 난 불개야미,

광릉(廣陵) 샘재 넘어 들어 가람의 허리를 가로 물어 추켜 들고 북해(北海)를 건넜단 말이 있으이다.

님아 님아! 온 놈이 온 말을 하여도 님이 짐작하소서.

〈작자미상〉

「개미 불개미, 등(背)이 부러진 불개미, 앞발에 종기가 나고 뒷발에도 종기까지 난 불개미가, '광릉'의 그 높은 '샘산'을 넘어 들어서, 큰 범의 허리를 가로로 물어 추켜들고 '북해' 그 넓은 바다를 건넜다는 그야말로 말도 안 되는 말도 있습니다. 임이시여 안타까운 임이시여, 백 사람이 백 가지 말을 하더라도 임께서 짐작해서 들으소서.」

진실이 왜곡된 수많은 사람들의 말을 바르게 새겨들어서 임이 속지 말라는 당부를 익살스럽게 늘어놓은 사설시조이다. 억울하게 모함을 받거나 누명을 쓴 여인이나 신하가 자신의 결백을 밝히고 싶은 심정을 토로하고 있다.

말은 진실을 말하여야 한다.

그것이 '말'이다. 이것을 굳이 '참말', '옳은 말', '바른 말'이라고도 한다. 그렇지 않은 말로는 말 아닌 '거짓말', '빈말'이

있다.

임[140]께서는 말씀을 하셨고 많이 하고 계십니다. 혹 심한 폭언을 하시다가 말씀이 진실 되지 않은 경우가 있다고 기소되기도 할 정도로 진실 된(?) 말씀만으로 호소하고 계십니다.

그런데 '이번 보궐선거에서는 집권 여당이 모두 패할 각오로 공명정대하게 치른 선거였다.'[141]라는 보고가 있을 수 있습니다. "안기부는 이제 (야당시절에 했던 주장처럼) 국내 문제에는 절대로 관여하지 않는다."[142]는 말도 있습니다. 또 "현 경제 정책의 집행은 뚜렷한 철학에 의해 일관성 있게 사심 없이 추진되고 있으니 국민은 고통을 참아 달라"[143]는 말도 있습니다. "국가 안보는 그 어느 때 보다도 물샐틈없이 튼튼하다."[144]는 보고도 있을 수 있습니다. 임이시여 온갖 보고가 임에게 있어도 임이 짐작하소서. 국민은 보고 있습니다. 이런 말들이 진실 된 말이 못 된다면 임의 말씀 모두가 진실 된 말씀이 못될 수도 있습니다.

1998년 7월 24일 금요일

140) 당시의 김대중 대통령을 지칭하는 말임.
141) 정부의 공언과 달리 공명선거가 되지 않았다고 비판 여론이 많았음.
142) 안기부가 공언과는 달리 도청문제로 여론이 물 끓 듯하였음.
143) 당시 정부의 경제정책의 일관성이 없음이 강하게 비판받고 있었음.
144) 김대중 정부가 친북성향의 정부이며 햇볕정책이란 이름으로 간첩을 하나도 잡지 않고 대북 유화정책을 쓰면서도 말만 국방 국방하고 있었음.

113

금생여수(金生麗水)라 한들 물마다 금(金)이 나며,
옥출곤강(玉出崑岡)이라 한들 뫼마다 옥(玉)이 날쏜?
아무리 사랑(思郞)이 중(重)타 한들 님님마다 좇으랴?

〈박팽년〉

「금은 아름다운 물에서 난다고 하지만 어느 물에서나 금이 날 것이며, 옥은 곤륜산(崑崙山)에서 난다고 하나 산마다 옥이 날 쏘냐? 이렇듯 아무리 사랑이 소중하다고 한들 이님 저님을 다 좇을 것인가?」

오늘은 522돌 '한글날'(1998년 10월 9일)이다. 이 날과 관련해 생각해 보면, 우리의 정서를 우리말 우리 글로 표현한 시조야말로 훈민정음 창제의 뜻을 빛낸 문화들 중 가장 찬란한 꽃이라고 할 것이다. 그렇다면 우리의 시조 한 수 한 수는 모두 그 기념비적인 보배들이다. 그러므로 오늘은 그 중 훈민정음 창제에 참여한 집현전 학사 중 한 분의 시조를 골라 살피니, 이 또한 뜻이 있다.

위 작품은 성삼문, 최항, 이개 등과 함께 훈민정음 창제에 참여한 박팽년의 시조이다. 금과 옥이 물과 산에서 난다해도 모든 물과 산에서 금과 옥이 날 수 없듯, 어떤 이나 간에 그가 임금의 자리에 올랐다고만 해서 그를 섬길 수는 없다는 것이다. 세조가 즉위하자 경회루 연못에 빠져 죽으려 했으나 성삼문의 만류로 참았다고 하며, 그가 올리는 상소에는 '臣(신하 신)' 자를 '巨(클 거)' 자로 썼다고도 한다. 다른 사육신들과 함께 단종 복위를 꾀하다가 잡혀서는 모진 국문(鞫問)[145]과 회유(懷柔)[146]에도 끝내 훼절(毁節)[147]하지 않고 죽으니, 나이 39세였다. 박팽년은 자기가 임금의 뜻을 거역하면 아들들이 죽고 딸과 부인이 관비(官婢)가 될 줄을 모를 리가 없었다.

성군(聖君) 아래에 현신(賢臣)[148]이 나는 법. 세종의 훈민정음 창제의 근본정신은 애민휼민(愛民恤民)[149]이다. 백성을 아끼고 후손들의 앞날을 살피시는 성군이 계셨기에 겨레의 만대를 밝힐 천하 제일의 문자를, 군신이 함께 뜻을 모아 지을 수 있었다.

오늘날 우리는 문명 세계와의 경쟁을 앞질러 날로 날로 번창해 가고 있다. 그 바탕이 '훈민 정음' 임은 세계가 이미 다 알고 있다.

1998년 10월 9일 금요일

145) 중 죄인을 국청에서 심문하던 일.
146) 잘 구슬러 따르게 함.
147) 절조를 깨뜨림.
148) 현명한 신하.
149) (임금이) 백성을 사랑하고 구제함.

114

마을 사람들아 옳은 일 하자스라.
사람이 되어나서 옳지 곧 못하면,
마소를 갓 고깔 씌워 밥 먹이나 다르랴?

〈정 철〉

「세상 사람들아 옳은 일을 하자꾸나. 사람으로 태어나서 옳은 짓을 못하면, 말과 소와 같은 짐승에게 갓과 고깔을 씌우고 옷을 입혀 밥을 먹이는 것과 무엇이 다를 것인가?」

정철의 훈민가(訓民歌) 중 향여유례(鄕閭有禮)[150]이다. 세상 사람들에게 의(義)와 예(禮)를 가르치고자 한 시조이다.

'인간은 빵만으로만 살 수 없다.'는 말이 있고, 역으로 '사람은 정신으로만 살 수 없다.'는 말도 있다. 이 점이 인간과 동물이 구별되는 근본적인 면이 아닐까? 사실 사람은 물질적인 안정을 필요로 하고 나아가 풍요를 선망한다. 그러나 인간은 빵만으로 살 수 있는 단순한 동물이 아니라 정신적 가치를 중하게 여기는 존재이다. 그렇다면 이 두 가치는 인간의 삶을 인간답게 하는 양대 축이라 할 것이다. 물질적 가치만을 추구하면 동물과

150) 마을에 예가 있음.

다름이 없고, 정신적 가치만을 추구하고서는 생명을 지탱할 수 없다. 그렇다면 이 두 가치가 균형을 이룰 때에 사람의 삶이 사람답다고 할 것이다.

정신적 가치에도 지적 가치와 도덕적 가치가 있다. 지적 가치는 앎, 진리를 추구하는 가치이고, 도덕적 가치는 선(善)한 행위를 소중하게 여기는 가치이다.

우리 선인들은 정신적 가치를 중히 여겼고, 그 중에서도 도덕적 가치를 중히 여겼다. 그래서 청빈을 자랑으로 여길 수 있었고 절개를 목숨과 바꿀 수 있었다.

오늘날 사회 문제의 원인은 그 답이 명확하다. 도덕적 가치를 도외시한 채, 화려함 · 황홀함을 궁극적 목적으로 한 물질적 가치만의 추구가 부른 자업자득(自業自得)이다. 그래서 아비가 자식의 손가락을 자르고, 자식이 아비를 죽이고, 국회의원이 철새처럼 날아다니는 것이다.

하기야 교육도 백년대계도 경제적 논리로만 거론되는 세상이니, 이 위에 또 무엇을 거론하겠는가?

1998년 10월 16일 금요일

115

성현(聖賢)의 가신 길이 만고에 한 가지라.
은(隱)커나 견(見)커나 도(道)가 어찌 다르리?
일도(一道)이고 다르지 아니하니 아무덴들 어떠리?

〈권호문〉

「성현들께서 가르쳐 주신 길은 먼 옛적부터 오직 한 가지 길이라. 은거(隱居)하면서 도를 실행하는 삶을 살거나, 벼슬에 나가 그 도를 펴는 삶을 살거나 간에 길[道]이 어찌 다를 리가 있겠는가? 그 길은 한 점도 다르지 않으니, 아무 곳에 머물면서 무엇을 행한들 다를 바가 있겠는가?」

이 시조는 작자가 벼슬을 단념하고 자연에 은거하면서 읊은 '한거십팔곡(閑居十八曲)' 중의 한 수이다.

여기서 성현(聖賢)은 공자와 맹자를 비롯한 거유(巨儒)[151]를 일컬음이다. 이들의 가르침이 한 길이니, 그 가르침을 깨친 자가 가야할 길 또한 한 길 뿐이라, 은거를 하나 벼슬을 하거나 간에 그 근본 길은 다를 바가 없고, 또 다를 바가 없이 살아야 한다는 것이다.

151) 뭇사람의 존경을 받는 이름난 육학자.

그러면 공자는 무엇을 가르쳤는가? 그것은 인(仁)이다. 인이란 무엇인가? 그 길[道]은 살신(殺身)할 때에만 이루어질 수 있는 것, 자신을 버리는 길이다.

이 공자 외 다른 성인들은 무엇을 가르쳤는가? 예수는 애(愛)를 가르쳤다. 사랑이란 무엇인가? 밀알과 촛불처럼 자신을 썩히고 태움이라. 노자는 무(無)를 가르쳤다. 유즉무 무즉유(有則無無則有)라. 곧 진정 가치로운 것을 세인(世人)들이 가치롭게 보지 못하는 것이라. 여기에 남[他]보다 내[我]가 우선할 리가 없다. 석가는 공(空)을 가르쳤다. 색즉시공 공즉시색(色卽是空 空卽是色)이라. 곧 이 현세의 온갖 것들이 다 빈 것들이란 말이다. 이렇게 볼 때 공맹뿐 아니라 성인들은 모두, 한 길 곧 나를 버릴 것을 가르쳤다. 그런데 작금 불계(佛界)의 작태(수익이 높은 절의 주지자리 쟁탈전)[152]를 보면, 색계(色界)의 속인들의 눈으로도 도무지 이해가 되지 않는다. 공(空)과 색(色)을 깨달아 중생을 깨우치려는 분들이 몸소 공과 색을 사투(死鬪)로 쟁취하려는 모습을 중생들에게 보이니, 이래서는 안 된다는 것을 행실로 보여서 가르치려는 일인지, 참으로 알기가 어렵다. 스님들이 이러할진데 중생들은 어디로 가야하나?

오늘은 예수 탄신일이다. 믿는 자는 예수의 오심과 죽음과 부활의 뜻을 알아서, 일치로 회개와 박애를 다질 일이다.

1998년 12월 25일 금요일

152) 당시에 스님들이 특정 사찰의 주지를 서로 하려고, 폭력으로 다툼을 한 일이 흔하여 인구에 회자 되었다.

116

하늘이 사람 삼기실 제 오륜(五倫)조차 삼기시니,
삼긴대로 못하면 사람이요 사람이랴?
모두가 이 말씀 들어 진인도(盡人道)를 하여라.

〈작자미상〉

「하늘이 사람을 지어내실 때에, 인륜도덕까지 함께 지어내셨으니, 하늘이 사람을 지어내신 대로 사람이 인륜을 지키면서 살지 못한다면, 사람이라도 사람이라 할 것인가? 모두가 이 말씀을 들어서 사람으로서의 도리를 다하도록 하여라.」

사람이 사람으로서 지켜야 할 오륜(五倫)의 중요성을 깨우친 시조이다. 우리 선인들은 이렇게 인륜을 중하게 여겨왔다. 그래서 그들은 문학도 도를 담은 그릇 [文者載道之器(문자재도지기)]으로 인식하고 도(道) 곧 인륜을 담고자 했다. 그리고 음악(音樂)도 백성을 교화시키는 수단으로 여겨왔으므로, 이렇게 도를 노래하게 해서 백성들을 교화시키고자 했다. 동몽선습(童蒙先習)에서는 사람이 귀한 것은 오륜이 있기 때문 [天地之間(천지지간) 萬物之中(만물지중) 唯人最貴(유인최귀) 所貴乎人者(소귀호인자) 以其有五倫也(이기유오륜야)]이라 했다. 이처럼 문자를 깨칠 서너 살 때부터 청장년을 거쳐 노년에 이르고, 학문이 일가(一家)를 이룰 때까지 그들이 일생 동안 닦고 실행한 학문

(學問) 곧 도(道)는 인륜(人倫)이었다.

그러나 우리의 근세사는 정신문화 곧 인륜도덕을 낡은 문화요, 버려야 할 양반의 문화라고 부정해 버리는 우를 범하였다. 그 까닭은 정신과 물질이 조화를 이루는 자생적 실학사상을 정착시키지 못하였고, 일인들에 의해 강제적으로 식민사관이 주입되었으며, 타의에 의해 개화가 되고, 일제 치하와 6 · 25를 겪으면서 치열한 생존 경쟁을 치르는 등으로 인해서, 얼치기 민주주의와 천민자본주의가 수용되었기 때문이다.

그래서 나라 사랑은 역사에서나 하는 일이요, 효도는 기분 날 때 인사치레로나 하는 일이며, 부부유별(夫婦有別)은 여자 목소리 키우기 쯤으로, 붕우유신(朋友有信)은 술판의 의리쯤으로, 장유유서(長幼有序)는 퇴출(退出)의 순서쯤으로나 알게 되었다. 그러니 어머니가 딸에게 매를 맞고, 남편이 쫓겨나 노숙을 하기에 이르렀다.

어찌 윤리적 바탕이 없는, 모래 위의 경제가 온전할 리 있겠는가?

1999년 1월 29일 금요일

117

적토마(赤兎馬) 살찌게 먹여 두만강(豆滿江) 씻겨 세우고,
용천금(龍泉劍) 드는 칼을 선뜻 빼어 둘러메고,
장부(丈夫)의 입신양명(立身揚名)을 시험(試驗)할까 하노라.

〈남 이〉

「관운장이 탔을 법한 준마를 살찌게 먹여서는 두만강 맑은 물에 씻겨 세우고, 용천금처럼 잘 드는 명검을 선뜻 빼어 둘러메고, 장부로서 이루고자 하는 입신양명을 향해 나도 뛰어들어볼까 하노라.」

우리 시조에서 보기 드문, 장부의 호기(豪氣)와 포부(抱負)를 노래한 시조이다. 과연 남이는 17세에 무과에 장원하여 무신이 되어 공을 세우고 일등 공신이 되었고, 27세에 병조판서에 오를 정도로 입신(立身)하여 공(功)을 이루고 양명(揚名)[153]한 장부였다.

물론 이 시조도 애국 애족을 바탕에 두고 있는 것이기는 하지만 진솔하게 우리 선인들의 가치관을 드러낸 시조라 할 것이다. 사실 우리 선인들도 소학의 가르침 [(立身行道(입신행도) 揚名

153) 이름을 드날림.

於後世(양명어후세) 以顯父母(이현부모) 孝之終也(효지종야)]과 같이 입신출세 부귀영화 양명 등과 같은 가치를 중하게 여겨왔다. 그러나 이를 중히 여기면서도 지나침을 경계하여 인의예지신(仁義禮智信)과 같은 덕을 함께 가르쳐 왔다.

그런데 지금의 우리는 선인들보다 부귀공명 같은 가치는 더욱 심하게 추구하면서도, 이와 병행한 덕(德)의 교육은 등한시한다.

초등, 중등, 대학의 졸업식이 이어지고 있다. 졸업식에서도 학부모와 스승은 무엇을 가르치는가? '큰 뜻을 가져라. 훌륭한 사람이 되어라. 사회에 도움을 주는 사람이 되라' 는 정도이다. 뒤집으면 부귀공명(富貴功名)을 얻으라는 것이다. 희생, 헌신, 봉사를 일깨우는 가르침이 없다.

성경에는 소금과 빛이 되라는 가르침이 있다. 참으로 도달하기 어려운 구체적이고 적극적인 가르침이다. 오늘날 어디의 어느 분이, 소금답게 짠 사람, 촛불처럼 자신을 태우는 사람이 있어서, 그런 분이 당당히 새 출발을 하는 이들에게 세상을 절여 간하고 맛을 내는 삶, 나를 태워서 세상을 밝히는 삶을 살라고 가르치는가?

공(功)과 명(名)도 없이 스스로 녹고 타는 소금과 빛의 가치가 숭고하지 않은가!

1999년 2월 12일 금요일

118

삼십년 풍진(風塵)속의 동서남북 분주(奔走)하여,
이 몸이 진(盡)하도록 나라 은혜 갑자터니,
병(病)들고 나이 많아 속절없이 저버려라.

〈송계연월옹〉

「삼십년간 병영의 먼지[兵塵(병진)] 속에 머무는 중, 동서남북의 변경과 전장(戰場)을 분주히 다니면서, 이 몸이 다하도록 나라의 은혜를 갚으려 하였더니. 어느덧 속절없이 나이만 들어 그 은혜를 저버리고 마는구나.」

나라를 지키는 일에 일생을 다 바친 작자가, 나라의 높고 큰 은혜에 대해 자신의 목숨을 바쳐서 보답하지 못했음을 한스러워하고 있다.

그러면서도 한편으로는, 자신이 비록 나라를 위해 역사에 길이 빛날 큰 공을 이루지는 못하였으나, 평생을 바쳐 동분서주하며 나라를 지키는 일에 봉사하였음을 흐뭇해하고 있다. 그리고 이를 통해 후인들에게 국은(國恩)의 중(重)함을 일깨우고, 나라 사랑을 가르치고 있다. 이처럼 선인들은 충효를 소중히 여겨서 이를 실행하고 가르쳐 왔다.

그렇다면 오늘날 우리는 무엇을 실행하고 가르치고 있는가? 흔히들 말하기를 '건전한 자아를 형성' 시키고 '더불어 사는 민주시민으로서의 정신과 태도'를 가르친다고 한다. 그러나 오늘날의 현실은 어떠한가? 우리는 청소년의 비뚤어진 가치관과 문화를 심각하게 염려하고 있다. 그들의 언어는 거칠고 외설스럽고 경박하며 경어를 모른다.

청소년의 흡연, 음주가 날로 늘어가고 있다. 어지러운 가사며 귀를 찢는 음악은 그들의 정서를 뒤흔들고 있다. 찢어 입고, 끼게 입고, 온몸을 드러내는 의상이며, 귀고 코고 배꼽이고 간에 안 뚫는 곳이 없이 뚫어대는 치장이며, 날로 그 연령층이 낮아져가는 청소년의 비행과 성문제들을 보면 참으로 나라의 앞날이 걱정스럽다.

이 모든 원인은 어른들에게 있다. 부부 맞벌이에, TV 시청, 컴퓨터 등으로 인한 가정교육의 부재, 학교교육의 비정상화, 성인사회의 향락적 타락, 이것이 원인이다. 네 탓이 아니라 모두가 내 탓이다.

핑계만 대지 말고, 가정을 되찾자. 학교는 사람을 가르치자. 어른들이 수범을 보이자.

그래서 현충일이면 묵념을 할 줄도 알고, 6 · 25도 알고, 보훈의 달도 아는 아들딸이 되게 하자.

1999년 6월 21일 월요일

119

하늘이 복(福) 가지고 값을 보고 주시나니,

값이 값이 아니라 덕(德) 닦기가 값이오니, 작은 덕 큰 덕의 덕대로 복이로세.

자네들 복 받으려거든 덕 닦기를 힘쓰시오.

〈신현조〉

「하늘이 복을 가지고 계시면서 값을 보고 복을 주시나니, 그 값은 다른 값이 아니라 스스로 자신의 덕을 닦는 일이 값이라, 덕을 적게 닦은 이에게는 작은 복을, 덕을 크게 닦은 이에게는 큰 복을 주심이라. 세상 사람들아! 복을 받으려거든 복을 받기만 바라지 말고 덕 닦기에 힘을 써라.」

그렇다면 덕(德)이란 무엇인가. 옛 사람들이 말한 덕을 보면 서경(書經)에는 정직(正直)·강극(剛克)·유극(柔克)으로 되어 있고, 시경(詩經)의 주(註)에는 인(仁)·지(知)·예(禮)·의(議)·신(信)·악(樂)·충(忠)·천(天)·지(地)·덕(德)으로 되어 있다. 플라톤은 덕을 유익(有益)과 결부시켜서 현명(賢明)·강의(剛毅)·절제(節制)·정의(正義)를 들었고, 그리스도교 철학에서는 윤리덕(倫理德)에다 대신덕(對神德)인 신앙·희망·사랑을 더하고 있다. 칸트는 의무가 따르는 도덕적 강도(强度)라고도 하였다.

이를 철학에서는 "덕이란 윤리적 도덕적 선에 대한 의지의 항상적 지향성(恒常的志向性) 내지는 선(善)을 실현하는 항상적 능력을 말한다"고 한다.

아무튼 덕은 '사람이 지키고 밟아야 할 길이라는 뜻'에서 도(道)와 결부시켜 도덕이라 하는 것이니, 덕은 도덕적 윤리적 개념을 내포한 개념이라 할 것이다.

윗 시조에서는 덕에 따라 복을 주신다고 하였다. 이 어찌 개인이나 나라에 두루 적용되는 만고의 진리가 아니겠는가?

동서고금을 두고 임금이 덕(德)을 잃고도 그 나라가 온전한 일이 있는가? 임금이 지녀야 할 덕을 경천근민(敬天勤民)이라 했다. 하늘을 공경하고 백성을 다스리기에 부지런하라는 말이다. 이것이 임금이 임금으로서의 도리를 다함이니 곧 선(善)이요, 덕(德)이다.

오늘날은 민주국가이다. 나라의 임금은 우리 국민들이다. 우리는 지금 하느님이 보시기에 복을 듬뿍 내리고 싶도록 덕을 지닌 국민들인가?

지금 우리는 우리의 양심과 도덕과 행실만큼 복을 받고 있는 것인가?

1999년 6월 28일 월요일

120
빼어난 가는 잎새 굳은 듯 보드랍고,
자줏빛 굵은 대공 하얀한 꽃이 벌고,
이슬은 구슬이 되어 마디마디 달렸다.

본래 그 마음은 깨끗함을 즐겨하여,
정한 모래 틈에 뿌리를 서려 두고,
미진(微塵)도 가까이 않고 우로(雨露)받아 사느니라.

〈이병기〉

「이글은 고시조가 아니라 시조문학 중흥에 크게 공헌한 가람의 '난초(蘭草)4' 라는 연시조이다.」

첫 수에서는 난초의 청신한 외양을 묘사하고 둘째 수에서는 난초의 고결한 품성을 예찬하고 있다. 의인화의 수법으로 난초와 독자가 동일화되는 경지에까지 이르게 한다.

지은이는 난에 대한 지극한 애정과 예리한 통찰력을 바탕으로 난초의 고결한 외모와 세속을 초탈한 본성을 예찬함으로써, 우리가 지향해야 할 맑고 깨끗한 삶의 자세를 일깨워 주고 있다. 이것은 난처럼 고결하게 살고자 하는 시인의 소망을 표현하는 동시에, 현대의 물질 우위 · 개인주의 사회에서 타락된 삶을 살아가고 있는 현대인들이 깨우쳐 지녀야할 바람직한 삶의 자세를 시사해 주고 있다.

이런 청아(淸雅)한 삶을 더 가치롭게 여기고, 이런 삶을 사는 이가 많은 세상의 행복지수는 얼마나 될까?

우리도 눈을 바꾸고 생각을 바꾸자. 파멸의 조짐이 보이지 않는가? 누가 '씨랜드'[154]의 어린이들을 죽게 했는가? 누구 죄 없는 자 있으면 관련자들을 돌로 쳐라.

썩은 개천에서 어느 돌을 들치면 그 밑에서 샘물이 솟고 가재가 살 것인가? 이것이 우리의 모습이다. 인허가 관련자가 제정신이었다면, 건립자 건설자 운영자가 제정신이었다면, 각종 시설 검사자나 감독자가 제정신이었다면, 인솔자며 수련담당자들이 제정신이었다면, 왜 이런 참사가 일어난단 말인가? 우리는 또 이렇게 떠들다가는 접어버리고, 곧 이 일도 잊을 것이다. 장관도 국회의원도 들통이 나면 나만 재수가 없었다고 하는 세상이요, 피라미들은 이들을 핑계 대는 세상이다.

주가지수(株價指數), 물가지수(物價指數)보다도 도덕, 윤리, 양심지수(良心指數)가 더 소중하지 아니한가!

1999년 7월 5일 월요일

154) 체험학습(수련활동)을 갔던 초등학생들이 화재로 많은 학생이 목숨을 잃은 사건이 있었음.(OECD국 중 어린이 행복지수가 꼴찌라고 함.)

121
어머님 여의온 지 어제런 듯 십여년,
꿈에도 뵙지 못해 그리운 울 어머니.
가까이 하느님 뫼셔 영원한 삶 누리소서.

동갑이되 홀로 계신 아버님 춘추 아흔넷.
못 다한 도리를 당신께나 다 하려나,
그 또한 더 다 못하는 불효자가 저입니다.

〈하상규〉

「오래도록 저희 곁에 계실 줄로만 알았던 어머님께서, 연세가 여든셋이 되시던 해에 병고를 끝내 이기지 못 하시고 그만 세상을 떠나셨다. 어느 부모님이나 다름이 있을까마는 당신께선 자식 사랑이 유별나셨고, 그 자식들을 위해 너무나도 많은 고생을 하신 분이셨기에, 우리 아들 넷은 참으로 많이 울었다. 세월이 흐르면 잊혀 지기도 한다지만 지금도 여전히 보고 싶은 어머니이시다. 꿈에서라도 뵈옵고 싶지만 그 또한 마음 같지 못하다. 그러나 어쩌랴? 하느님나라에서나 복된 나날을 보내시길 기원할 수밖에….

내외분이 동갑이셨던 아버님께서는 홀로계신지 12 년이 되셨다. 올해로 연세가 아흔 다섯이신 아버님이시지만 감사하게도 근력이 좋으시다. 그 아버님께, 어머님께 못 다한 효도를 다 해드리고 싶으나 소홀함이 너무도 많다. '아버님, 오래오래 저희 곁에 계서주시고, 계시는 동안 지금처럼 내내 건강하시옵소서'.

앞에서 고시조에 담긴 선인들의 교훈을 주로 살폈다. 그리고 '대한매일신보'에 실린 조선말의 애국시 몇 편을 인용했고, 또 몇 수의 현대시조를 다루었다. 참으로 소중한 작품들이다. 그러나 본인의 작품이 없었다. 부족하지만 말미에 본인(필자)의 시조 한 수를 실었다. 다룬 시조들이 주로 충, 효, 예를 담았으니 같은 맥락이다. 근래엔 국력이 나아지고 따라서 노인 복지도 많이 향상되었다. 곳곳에 요양병원이 많이 늘어나고, 실버타운이 곳곳에 세워져서 선전이 대단하다. 어려운 노인에겐 나라에서 보조까지 한다고 하니 한편으론 마음 든든하기도 하다.

그러나 왠 일일까? 옛날의 고래장이 연상되는 것은?

자식들이 맞벌이를 한다는 핑계로, 병원이 더 잘 보살펴드린다는 핑계로, 나라에서 보조가 나온다는 핑계로, 요즈음은 그렇게 모시는 것이 보편화되었다는 핑계로, 힘 없고 돈 없고 모시기 귀찮은 노인네들을 요양원으로 실버타운으로 내몰아버리는 것은 아닌지… …?

누구나 노후가 외로울 수밖에 없을 조짐이다. 반포지효(反哺之孝)를 들먹일 수는 없어도, 직장 따라 객지에 나간 자식들을 어찌할 도리가 없다고는 하더라도, 낳고 애지중지 기르고 가르치고 성가시켰더니, 이제 나이 들어 노인이 되니, 존경받고 모셔지는 존재가 아니라, 귀찮고 버려지는 존재로 추락되어간다는 기분을 떨치기가 어렵다.

나도 이제 늙었나 보다. 2010년 . 5월. 9일 토요일

● 초장 첫 구로 찾아보기 (가나다 순)

● 시조 작가 해설

※ 작가 성명(가나다 순) : 작가, 해설, 작품 번호의 구조로 엮었음.

◆강복중 (姜復中 ; 연대 미상)
자는 재기(載起), 호는 청계(淸溪). 스스로 청계망사(淸溪妄士), 청계작옹(淸溪酌翁)이라 하였다. 벼슬은 참봉(參奉)에 머물렀으며, 문집으로 '청계공유사(淸溪公遺事)' 와 '수월정청흥가첩(水月亭淸興歌帖)' 이 있다. 87

◆계 섬 (桂蟾)
신원 미상 37

◆구 용 (具容)
자는 대수(大受), 호는 죽창. 광해군 때에 벼슬은 현감을 지냈고, 시를 잘 지었다. 광해군이 능창대군의 나이 겨우 15세에 억울한 죽음을 당하게 한 일을 생각하며 지었다는 시조 한 수(벽해갈류후〈碧海竭流後〉에)가 전한다. 권필(權韠). 이안눌(李安訥)과 가까이 사귐. 47

◆권 섭 (1671～1759)
자는 조원(調元), 호는 옥소(玉所)ㆍ백취옹(百趣翁). 시조와 가사 작품을 남긴 국문 시인이다. 문집으로 〈옥소집(玉所集)〉 52 책이 전한다. 안동권씨의 명문에서 태어난 그는 일생 동안을 관직에 나가지 않은 채 여행과 문필로 보냈다. 우리나라 전역을 두루 유람하면서 느낀 감회를 그때 그때 작품화했는데, 그의 문집에는 한문으로 표기된 작품과 국문 작품이 많이 실려 있다. 시조 75 수와 가사 2편이 전한다. 86

◆권호문 (權好文 ; 1532～1587)
자는 장중(章仲), 호는 송암(松岩). 이황의 문인(門人). 1561년(명종16년) 진사에 급제했으나 벼슬을 단념, 청성산(靑城山) 밑에 무민재(無悶齋)를 짓고 시문으로 지냈다. 만년에는 그의 덕망을 우러러 모여드는 문인이 많았고 사후에는 송암서원을 세워 모셨다. 경기체가(景幾體歌), 독락팔곡(獨樂八曲)과 시조 한거십팔곡(閑居十八曲) 등이 전한다. 115

◆김두성 (金斗性 ; 연대 미상)
조선조 숙종 때에 김천택 · 김수장 등과 더불어 경정산가단(敬亭山歌壇)에서 활동한 가인. 그의 시조 19 수가 전한다. 79

◆김민순 (金敏淳 ; 연대 미상)
자는 신여(愼汝). 호는 매옹(梅翁), 매월송풍(梅月松風). 조선후기의 가인(歌人), 다양한 작품 경향을 보인다. 다작의 작가로, '청구영언' 에 사설시조 3 수를 포함하여 시조 43 수가 전한다. 13

◆김삼현 (金三賢 ; 연대 미상)
조선조 숙종 때에 절충장군(折衝將軍)을 지냈으며, 벼슬을 물러난 뒤 장인 주의식(朱義植)과 더불어 자연을 벗삼고 산수를 즐기면서 시 짓는 일로 세월을 보냈다. 시조 6 수가 전하는데, 그의 시풍은 낙천적이고 명랑하다. 56

◆김상용 (金常容 ; 1561～1637)
자는 경택(景擇), 호는 선원(仙源). 영의정 김상헌의 형으로 광해군 때에 도승지, 대사헌, 형조판서를 지냈다. 병자호란 때, 강화도를 지키다가 함락이 되자 화약고에 불을 지르고 폭사하였다. 온화 청렴한 성품에 문장이 뛰어나고 글씨를 잘 썼으며, 시조로 '오륜가' 5 수와 '훈계자손가' 9 수 등이 있다. 32

◆**김수장** (金壽長 ; 1690~?)
자는 자평(子平), 호는 노가재(老歌齋). 김천택과 더불어 평민 가객으로서 100여 수의 많은 시조를 남겼다. 그의 시풍은 사실적인 서경시의 경향을 띠고 있다. 벼슬은 숙종 때에 병조의 서리(書吏)를 지냈으나, 그의 인생은 시조와 그 정리 사업에서 빛을 발한다. 그가 엮은 '해동가요'는 김천택의 '청구영언', 안민영의 '가곡원류'(박효관과 함께 엮음)와 더불어 조선 3대 가집의 하나로 손꼽힌다. 그도 또한 많은 제자를 길러 후진 양성에 힘썼다. 7, 16, 55, 70, 93

◆**김유기** (金裕器 ; 연대 미상)
자는 대재(大哉). 숙종 때의 가인(歌人). 그의 시조 12 수가 전한다. 김천택과 친분이 두터웠다고 한다. 90

◆**김종서** (1390~1453 공양왕 2~단종1)
자는 국경(國卿) 호는 절제(節齋) 1405년(세종1) 사간원우정언(司諫院右正言), 판관(判官),사헌부지평(司憲府持平), 함길도관찰사(咸吉道觀察使),도절제사(都節制使), 1440년에 형조판서(刑曹判書) 1441년에 예조판서(禮曹判書), 1449년 고려사를 개수(改修), 1451년(문종1)에 우의정에 오름, 1452년에 세종실록 편찬을 감수. 1453년 (단종1)에 궤장(几杖)을 받고,10월 수양대군이 왕위를 뺏기 위해 전조 총신(寵臣)을 죽이자 아들 둘과 함께 죽음을 당함. 1746년(영조 22) 벼슬이 복구되었다. 시호는 충익(忠翼) 45

◆**김진태** (金振泰 ; 연대미상)
자는 군헌(君獻). 영조 때의 가인(歌人)으로 경정산가단(敬亭山歌壇)의 한 사람. 속세에 때묻지 않은 선경을 노래한 시조 26 수가 '해동가요'에 전한다. 15

◆**김천택** (金天澤 ; 숙종조)
자는 백함(伯涵), 호는 남파(南坡). 벼슬은 숙종 때에 포교(捕校)를 지냈다. 조선조 영조 때의 가인(歌人)으로, 노가재(老歌齋) 김수장과 가까이 사귀면서, 평민 출신으로 이루어진 경정산가단(敬亭山歌壇)에서 많은 후진을 길러냈다. 영조 4년(1728)에 우리나라 최초의 시가집 '청구영언'을 편찬하여 시조의 정리와 발전에 크게 이바지하였다. '해동가요'에 그의 시조 57 수가 전한다. 58

◆**김태석** (金兌錫 ; 영조조)
자는 덕이(德而). 영조 때의 가인(歌人). 경정산가단(敬亭山歌壇)의 한 사람. 43

◆**김현성** (金顯成 ; 1542~1621, 중종 37~광해군 13)
자는 여경(餘慶) 호는 남창(南窓), 본관은 김해(金海), 목사(牧使) 언유(彦諭)의 아들. 1561년(명종16) 사마시에(司馬試)에 1564년 식년시(式年試)에 급제, 벼슬은 돈지돈령부사(同知敦寧府事)에 이름. 시, 글씨에 능했고 산수(山水)를 몹시 즐김. 41

◆**남 이** (南怡 ; 1441~1468)
조선 태종의 외손자요 세조 때의 무장으로 이시애의 난을 평정하고, 26세에 병조판서가 되었다. 그러나 간신 유자광 일파에게 몰리어 28세의 아까운 나이에

처형되었다. 46, 117

◆**낭원군** (朗原君 ; ? ~1699)
선조 임금의 손자. 효종의 당숙으로 이름은 간(侃), 호는 최락당(最樂堂). 학문에 조예가 깊었으며, 시가에 능하였다. '산수한정가(山水閑情歌)', '애국도보가(愛國圖報歌)', '자경가(自警歌)' 등 시조 30 수를 남겼다. 24, 31, 101

◆**박인로** (朴仁老 ; 1561~1642)
자는 덕옹(德翁), 호는 노계(蘆溪). 어려서부터 시를 짓는 재주가 있었고, 임진왜란이 일어나자 수군에 종군하면서 사졸들의 노고를 위로하기 위하여 '태평사(太平詞)' 등을 지었다. 그의 작품은 대개 전고(典故)와 고사(古事)를 많이 인용하고 지나치게 한문 냄새가 나는 흠이 없지 않으나, 송강(松江) 정철과 고산(孤山) 윤선도와 더불어 조선조 3대 작가로 손꼽히고 있다. 가사 8 편, 시조 72 수의 많은 작품을 남겼다. 19, 29, 99, 105, 111

◆**박태보** (朴泰輔 ; 1654~1689)
자는 사원(士元), 호는 정재(定齋). 숙종 3년에 알성시(謁聖試)에 장원 급제하여, 수찬(修撰), 어사(御史)를 거쳐 파주목사를 지냈으므로 '박파주'라고 한다. 인현왕후 폐비를 강력히 반대하다가 진도로 유배되던 도중에 노량진에서 죽었다. 뒤에 영의정으로 추증하였다. 학문과 문장에 능하고 글씨를 썩 잘 썼다. 80, 94

◆**박팽년** (朴彭年 ; 1417~1456)
자는 인수(仁叟), 호는 취금헌(醉琴軒), 조선조 세종 때의 집현전 학사로서 훈민정음 창제에도 참여하였다. 세조가 즉위하자 경회루 연못에 뛰어들어 목숨을 끊으려는 것을 성삼문이 말렸다고 하며, 세조 밑에서 충청도관찰사로 있으면서 조정에 올리는 글에 신(臣)자를 쓰지 않고 거(巨)자를 썼다고 한다. 사육신(死六臣)의 한 사람이다. 시호는 충정(忠正) 81

◆**박효관** (朴孝寬 ; 1781~1880)
자는 경화(景華), 호는 운애(雲崖). 조선 철종, 고종 때의 가객(歌客). 제자 안민영과 더불어 가집 '가곡원류(歌曲源流)'를 엮었다. 시조 15 수가 전한다. 91

◆**백수회** (白受繪 ; 1574~1642)
자는 여빈(汝彬), 호는 송담(松潭), 본관은 양산(梁山). 광해조 폐모론(廢母論)을 반대함. 인조반정 이후 불리어 벼슬을 받았으나 나아가지 않고 69세로 졸하니 현종이 호조참의(戶曹參議)에 추증하고 옛집에 충렬사(忠烈祠)를 지었고 숙종이 편액(扁額)을 하사하고 송담(松潭)이라 일컬음. 21

◆**서경덕** (徐敬德 ; 1489~1546)
자는 가구(可久), 호는 화담(花潭). 가세가 빈곤하여 독학으로 13세에 서경을 읽고 복잡한 태음력의 수학적 계산을 스스로 터득했으며, 18세에는 '대학(大學)'을 읽고 격물치지(格物致知)의 원리를 깨달았다.
여러 지방을 유람한 후 산림에 묻혀 후진 교육에 힘을 기울이던 중, 조 광조의 천거가 있었으나 사양하고 역시 학문 연구에 전력하였다. 또한 명승지를 유람하면서 여러 편의 기행시를 남겼다. 개성(開城) 동문 밖 화담(花潭)에 초막을 짓고 도학을 비롯하여 수학(數學)·역학(易學) 등의 연구로 여생을 보냈다. 명기 황진이의 유혹을 뿌리친 일화가 전하며, 선조 때 우의정에 추정되었다. 2

◆**선 조** (宣祖 ; 1552～1608)
조선조 제14대 임금으로, 이퇴계 · 이율곡 등의 대학자를 등용하여 선정에 힘썼고, 유선록(儒先錄) 등을 간행하여 유교를 장려하였으나, 임진왜란의 7 년 풍진으로 나라가 몹시 피폐하였다. 시호는 소경(昭敬), 능호는 목릉(穆陵)(경기도 양주군에 있음) 57

◆**성 혼** (成渾 ; 1535～1598)
자는 호원(浩原), 호는 우계(牛溪) · 묵암(黙庵). 일찍부터 이율곡과 교분이 두터웠으나, 학설에 있어서는 이퇴계의 이기호발설(理氣互發說)을 지지, 기발이승일도설(氣發理乘一途說)을 주장하는 율곡과 사단칠정(四端七情)에 대하여 6 년 동안이나 논쟁을 벌인 일은 유명한 이야기이다. 글씨도 잘 썼으며, 임진왜란 때 광해군의 부름으로 잠시 좌참판을 지냈고, 인조 때에 좌의정에 추증되었다. 25

◆**송계연월옹** (松桂烟月翁)
조선 영조 때의 가인으로 '고금가곡(古今歌曲)'을 엮었다. 송계연월옹은 필명이며 본명은 알 수 없다. '고금가곡'의 발문과 거기에 실려 있는 자작 시조 14 수를 상고하여 보면, 처음에는 벼슬도 하였으나 본뜻이 아니며, 그것을 버리고 강호로 돌아가 화조(花鳥)를 벗삼고 스스로 즐겼다고 하였다. 118

◆**송 순** (宋純 ; 1493～1588)
자는 수조, 호는 면앙정(俛仰亭). 만년에 담양(潭陽)에 면앙정을 짓고 독서와 시작에 전념했으며, '면앙정가' 등의 가사와 시조 몇 수가 전한다. 벼슬은 참찬(參贊)을 지냈으며, 91세의 장수를 누렸다. 76, 96

◆**송시열** (宋時烈 ; 1607～1689)
자는 영보(英甫), 호는 우암(尤菴), 효종의 스승, 판중추부사(判中樞府事), 봉조하(奉朝賀)를 지냄. 숙종15년에 원자책봉을 반대하다 제주로 귀양갔다가 돌아오는 도중 정읍에서 사사(賜死)되었다. 5 년 후에 관작이 복구되고 도봉서원(道峰書院, 文正書院)에 모셔졌다. 주자학의 대가로 많은 저서와 문집을 남기었다. 77

◆**신헌조** (申獻朝 ; 1752～1807)
자 여가(汝可) 호 죽취당(竹醉堂) 시조 24 수를 남기고 있다. 103, 119

◆**신 흠** (伸欽 ; 1566～1628)
자는 경숙(敬叔), 호는 상촌(象村). 선조 19 년 별시에 급제, 예조판서 좌 · 우의정을 거쳐 영의정에 이름. 영창대군의 사건이 일어나자 선조의 유교칠신(遺敎七臣)의 하나로 지목되어 관직을 삭탈당하고 향리 춘천으로 돌아감. 인조반정 후 이조판서 겸 대재학, 우의정, 좌의정, 영의정을 지냈으며, 조선 중기 한문학의 대가로서 글씨를 잘 썼다. 시조도 31 수나 남겼으며 '상촌집(象村集)' 60 권이 전한다. 74

◆**안민영** (安玟英 ; 1816～?)
자는 성무(聖武), 호는 주옹(周翁). 박효관 문하에서 노래를 배웠으며, 조선조 3 대 가집의 하나로 일컬어지는 '가곡원류(歌曲源流)'를 박효관과 함께 엮었다. 저서로 '주옹만록(周翁漫錄)이 전한다. 시조 30여 수를 남기고 있다. 84, 92, 107

◆**양사언** (楊士彦 ; 1517~1584)
자는 응빙(應聘), 호는 봉래(蓬萊) 또는 해객(海客). 서예가로서 안평대군·김구·한호와 더불어 조선 전기에 4대 명필로 손꼽힌다. 지방관을 두루 역임했으며, 자연을 사랑하고 산수를 즐겨 금강산을 자주 왕래하였다고 한다. 그래서 그의 호가 '봉래' 인지도 모른다. 그의 시는 천의무봉(天衣無縫)하고 기발하였다. 17

◆**엄흔** (嚴昕 ; 1508~1553)
자는 계소(棨昭), 호는 십성당(十省堂) 중종 20년 생원시(生員試), 중종 23년 문과(文科)에 올라 벼슬은 전한(典翰), 사인(舍人)에 오름. 108

◆**옥림생** (대한제국 말)
필명이므로 미상임 52

◆**윤두서** (尹斗緖 ; 1668~?)
자는 효언(孝彦), 호는 공재(恭齋) 또는 종애(鍾厓). 고산 윤선도의 증손으로 서화에 능하였다. 숙종 19년 진사(進士)에 합격. 그의 시조 한 수가 전한다. 73

◆**윤선도** (尹善道 ; 1587~1671)
자는 약이(約而), 호는 고산(孤山). 본관은 해남(海南) 광해 4년에 진사시(進士試) 인조 6년에 별시에 급제 스물여섯에 국자진사(國子進士)가 됨. 광해군 때 권신 이이첨(李爾瞻)이 국정을 어지럽히므로 의분하여 초야에서 상소하여 조야를 놀라게 했으나, 경원으로 귀양가서 13 년만에 풀렸다. 봉림, 인평 양대군의 사부가 됨. 뒤에 호조 정랑, 한성 서윤, 성주 현감을 역임. 병자호란 때 임금을 호종(扈從)치 않았다고 하여 영덕에 귀양갔다가 곧 풀려나서는 고향 금쇄동에서 '산중신곡' 을 지었음. 효종이 죽자 조대비 복제 문제로 논쟁하다가 서인들에게 몰려 삼수(三水)로 귀양 갔다가 을사년에 다시 광양으로 이배되었고 두 해만에 풀려 고향에 돌아가 시작(詩作)을 즐겼음. 송강(松江)·노계(蘆溪)와 더불어 조선조 3대 문인의 한 사람으로 손꼽힌다. '장가에 송강, 단가에 고산' 이라는 말이 있듯이, 시조에 있어서는 송강과 쌍벽을 이루었다. 그의 시 세계는 자연 속에 몰입한 인생의 경지를 보여 준다. '어부사시사(漁父四時詞)·오우가(五友歌)' 등 89수가 전한다. 89, 102

◆**이병기** (李秉岐 ; 1891~1968)
본관은 연안. 호는 가람(嘉藍 또는 伽藍)·가남(柯南). 일제강점기에 시조부흥 운동에 앞장섰고 시조뿐만 아니라 국문학서지학 분야에도 많은 업적을 남겼다. 102

◆**이세보** (李世輔 ; 1832~1895)
본관은 전주. 자는 좌보(左甫). 능원대군(綾原大君)의 7대손. 고시조를 창작한 조선 후기의 마지막 대가 중 한 사람으로, 조선시대에 가장 많은 시조를 지었으며 경향도 다양하다. 아버지 단화(端和)와 어머니 해평윤씨 사이의 4형제 가운데 맏아들로 태어났다. 1851년(철종 2) 풍계군(豊溪君) 이당(李唐)의 후사(後嗣)가 되어 이름을 호(晧)로 바꾸었고, 철종으로부터 경평군(慶平君)이라는 작호를 받았다. 1857년 동지사로 청(淸)나라에 다녀왔고, 김좌근과 김문근을 비난한 탓으로 안동김씨가의 미움을 받아 작호를 빼앗겼으며, 1860년 신지도에 유배되어 3 년간 유배생활을 했다. 고종이 즉위한 해 풀려나서 지종정경, 한성판윤, 공조판서, 판의금부사의 벼슬을 했고, 1895년(고종 32) 명성황후 시해사건을 듣고 통곡하다가 병을 얻어 죽었다. 근래에 개인 시조집 '풍아(風雅)'. '시가 (詩歌)' 등이 발견되어 남긴 작품이 458수임이 판명되었다. 그는 말을 다듬지 않고 쉽게 썼으므로 많은 작품을 남길 수 있었다. 형식을 제대로 갖춘 경우에 맨 마지막 구절을 생략한 것으로 보아 시조창을 전제로 창작했음을 알 수 있다. 시조를 풍류로 즐기는 데 그치지 않고, 사대부의 시조가 관념적인 수사에서 벗어나 현실인식에 대해서도 참신하게 표현할 수 있음을 보여주었다. 유배생활을 하면서 관리들의 부정을 신랄하게 비판한 시조와 애정을 주제로 한 시조가 많고, 그 밖에 도덕, 기행, 회고 등을 읊은 작품이 있다. 형식에서도 월령체의 시조를 새롭게 지었다. 시조 창작의 주체가 사대부에서 평민으로 옮겨진 조선 후기에 사대부로서, 현실의 다양한 사건을 소재로 하여 왕성한 창작활동을 했다는 점이 시조사적으로 주목할 만하다. 88

◆**이순신** (李舜臣 ; 1545～1598)
자는 여해(汝諧), 충성심이 강하고 전략에 뛰어난, 우리 역사상 으뜸가는 용장이다. 임진왜란 중에 거북선을 만들어 싸움마다 승리했으며, 왜군의 기세를 꺾어 제해권을 완전 장악하였고, 곡창 지대인 전라도를 방어함으로써 군량미 확보에 만전을 기하는 등 위기에 처한 나라를 지탱하는 데 가장 큰 공을 세웠다. 한 때 원균과 같은 소인배와 당쟁에 골몰한 무리들의 모함으로 투옥되어 사형까지 명받았으나, 원균의 전사와 수군의 대패를 만회하기 이하여 백의종군까지 하였다. 글에도 능하여 '난중일기(亂中日記)' 와 시조 등 좋은 작품을 남겼다. 뒤에 영의정에 추증되었으며, 시호는 충무공(忠武公)이다. 42

◆**이양원** (李陽元 ; 1533～1592)
자는 백춘(伯春), 호는 노저(鷺渚). 명나라에 찾아가서 잘못 기록된 이성계의 족보를 바로잡은 공으로 가자(加資)되어 여러 벼슬을 거쳐 영의정에 이르렀으며, 임진란 때 선조가 나라를 버리고 요동으로 건너갔다는 잘못 전한 소문을 듣고, 통분히 여겨 여드레 동안 식음을 끊고 비통에 잠긴 채 죽었다. 53

◆**이 이** (李珥 ; 1536～1584)
자는 숙헌(叔獻), 호는 율곡(栗谷) · 석담(石潭). 퇴계 이황과 더불어 쌍벽을 이루는 성리학의 태두(泰斗). 일찍이 어진 어머니 사임당 신씨(申氏)의 가르침을 받아 문필이 뛰어났으며, 29세 때 문과에 장원 급제하여, 선조 때에 대제학, 이조판서, 우참찬(右參贊)을 지냈다. 임진왜란이 일기 전에 유명한 '10만 양병설(養兵說)' 을 주장하여 국방에 힘쓸 것을 역설하였으나, 안일주의에 빠진 대신들의 반대로 뜻을 이루지 못하고, 결국 임진란의 7 년 풍진을 겪었다. 벼슬을 그만둔 후에는 황해도 해주(海州) 고산(高山)에 은거하며, 학문과 교화에 힘썼다. 글씨와 그림에도 뛰어났다. 106

◆**이정구** (李廷龜 ; 1564～1635)
자는 성징(聖徵), 호는 월사(月沙). 선조 28년에 증광시(增廣試)에 급제하여, 인조 때에는 우의정, 좌의정에 이름. 한학사대가의 한 사람으로 저서에 '서연강의(書筵講義)', '대학강화(大學講話)' 와 시문집이 있다. 82

◆**이정보** (李鼎輔 ; 1693～1766)
자는 사수(士受), 호는 삼주(三洲). 영조 때에 이조판서, 예조판서, 대제학을 지냈으며, 젊어서 지평(持平)으로 있을 때에 탕평책을 반대하는 '시무11조(時務11條)'를 올려 파직된 적도 있다. 글씨와 한시에 능하였고, 시조도 78 수나 남긴 대가이다. 60, 61, 91

◆**이정신** (李廷藎 ; 연대미상)
자는 집중(集仲), 호는 백회재(百悔齋). 조선 영조 때의 가인으로 벼슬은 현감을 지냈다. 시조 13 수가 전한다. 8, 110

◆**이정환** (李廷煥 ; 1613~1673)
자는 휘원(輝遠), 호는 송암(松岩). 병자호란 때의 국치를 보고 두문불출, 비가(悲歌) 10 수를 남겼다. 죽은 뒤에 지평(持平) 벼슬을 추증하였다. 49

◆**이 직** (李稙 ; 1362~1431)
자는 우정(虞廷), 호는 형재(亨齋). 고려 공민왕 때에 예문관 제학, 이태조가 건국할 때 건국공신으로 성산부원군(星山府院君)이 되었고, 세종 때에 영의정에 이르렀다. 이조년(李兆年)의 증손. 71

◆**이현보** (李賢輔 ; 1467~1555)
자는 비중(棐中), 호는 농암(聾巖). 호조참판 등 여러 벼슬을 거쳤다. 자연을 노래한 많은 시조를 지었으며, 10 장으로 전하던 '어부사'를 5 장으로 고쳐 지은 것이 '청구영언'에 실려 전한다. 또 '농암집(聾巖集)'이라는 시문집이 있다. 호조참판 때에 은퇴하려 하자, 임금이 허락지 않은 것을 굳이 고향으로 내려가 도연명의 '귀거래사'를 본뜬 시조 '귀거래사'를 지었다. 59

◆**이 황** (李滉 ; 1501~1570)
자는 경호(景浩), 호는 퇴계(退溪). 율곡이 이이와 더불어 쌍벽을 이루는 대성리학자. 향리 안동(安東)에 도산서원(陶山書院)을 세워 학문을 닦고 후진을 양성하였다. 벼슬은 예조판서, 공조판서, 대제학을 지냈으며, 후에 영의정에 추증되었다. '사단칠정론(四端七情論)'이 그의 학문의 핵심이며, '이기이원론(理氣二元論)'을 주장하였다. 오늘날 '퇴계학'은 일본, 중국 등 외국에서 오히려 그 연구열이 더욱 대단한 것을 보면, 그의 학문의 깊이와 무게를 짐작할 수 있다. 18, 66

◆**정몽주** (鄭夢周 ; 1337~1392)
자는 달가(達可), 호는 포은(圃隱). 고려 말기의 대학자이며 충신. 여말삼은(麗末三隱)의 한 사람으로, 나라를 다스림에 있어서는 지방관의 비행을 근절시키고, 의창을 세워 빈민을 구제하였으며, 불교의 폐해를 없애기 위하여 유학을 보급시켰다. 또 법질서의 확립을 기하고, 외교·군사 정책에도 관여하여 기울어진 국운을 바로잡고자 무진 노력하였으나, 이성계 등의 신흥세력에 꺾이고 말았다. 시문에도 능하여 많은 한시(漢詩)를 남겼으며, 문집 '포은집(圃隱集)'이 있다. 조선 태종 때에 영의정, 수문전(修文殿), 대제학 등이 추증되었다. 10 관련

◆**정몽주 모당** (鄭夢周 母堂)
정몽주의 어머니 이씨, '가곡원류(歌曲源流)'에는 아들이 대기(大器)임을 알고 아들의 장래를 염려하여 몸가짐의 훈계로서 지은 것이라고도 하고, 아들이 이방원의 초대연석에 나가려할 때 이를 경계하여 지은 작품이라고도 한다. 10

◆**정인보** (鄭寅普 ; 1892~?)

자는 경업(經業). 호는 위당(爲堂).담원(薝園)미소산인(薇蘇山人). 상하이(上海)에서 박은식, 신채호와 함께 동제사(同濟社)를 조직하여 동포 계몽에 힘썼으며, '동아일보' 논설위원으로 일본 총독부의 정책을 비판하였다. 저서에 '조선사 연구', '담원 시조집' 등이 있다. 30

◆**정 철** (鄭澈 ; 1536~1593)
자는 계함(季涵), 호는 송강(松江). 고산 윤선도, 노계 박인로와 더불어 조선조 3대 작가 중에서도 으뜸으로 손꼽히며, "단가(短歌)에 윤고산, 장가(長歌)에 정송강"이라고 일컬어지는 가사(歌辭)의 제1인자이다. 그의 시가집 '송강가사' 에는 관동별곡, 성산별곡, 사미인곡 등과 같은 장가를 비롯하여, 장진주사(將進酒辭), 훈민가(訓民歌) 등과 같은 단가(시조) 77 수가 실려 있다. 그는 정치가로서도 큰 구실을 하여 벼슬이 좌의정까지 이르렀다. 곧은 말을 잘하는 정승으로 이름이 높았으며, 그 때문에 화를 입은 일도 한두 번이 아니었다. 26, 65, 72, 75, 100, 104, 114

◆**정충신** (鄭忠信 ; 1576~1636)
자는 가행(可行), 호는 만운(晩雲). 임진왜란 때에, 17세의 어린 몸으로 행주산성에서 왜군을 대파한 권율 도원수의 심부름을 가서 의주(義州)에서 이항복을 만난 것이 인연이 되어, 이항복의 문하에서 학문을 닦았다. 인조 때에는 이괄의 난을 물리치고 부원수가 되고, 금남군(錦南君)에 봉하여졌다. 38

◆**조 식** (曺植 ; 1501~1572)
자는 건중(楗仲), 호는 남명(南溟). 어려서 제자백가(諸子百家)를 통달하여 학문이 매우 깊었으며, 초야에 묻혀 조정에서 여러 번 불렀으나 평생 벼슬하지 아니하였다. 광해군 때에 영의정에 추증되었다. 23

◆**조찬한** (曺纘韓 ; 1572~1631)
자는 선술(善述), 호는 현주(玄洲). 인조반정 때에 형조참의가 되고, 이어 선산부사(善山府使)를 지냈다. 문장에 뛰어나고, 시부(詩賦)에 능하였으며, 석주(石洲) 권필, 동악(東岳) 이안눌과 절친하였다. 문장이 웅대하고 힘이 있었다. 64

◆**주세붕** (周世鵬 ; 1495~1554)
자는 경유(景游), 호는 신재. 중종 때 풍기군수(豊基郡守)로 있으면서 백운동서원(白雲洞書院)을 세워 우리나라 서원의 창시자가 되었다. 벼슬은 호조참판, 관찰사, 대사성 등을 지냈으며, 작품으로 경기체가인 '도동곡(道東曲), 육현가(六賢歌), 엄연곡(儼然曲), 태평곡(太平曲)' 등이 있다. 시조도 14 수가 전한다. 97

◆**주의식** (朱義植 ; 연대미상)
자는 도원(道遠), 호는 남곡(南谷). 숙종 때에 무과에 올라 칠원현감(漆原縣監)을 지냈다. 가객(歌客)으로 이름이 높았으며, 성품이 매우 공손하고 의젓하여 군자의 풍도가 있었다. 시조 14 수가 전하고, 그림에도 능하여 특히 매화를 잘 그렸다. 14, 95

◆**최 충** (崔冲 ; 984~1068)
자는 호연(浩然), 호는 성재(惺齋). 고려 문종 때의 대유학자로서, 벼슬은 문하시중(門下侍中)을 지냈다 사학을 일으켜, 해동공자(海東孔子)로 추앙을 받았으며, 만년에는 구재(九齋)를 세워 후진 양성에 힘썼다. 69

◆하상규 (河祥奎 ; 1946~)

본서 저자 121

◆홍 랑 (洪娘)

조선조 선조 때의 함경도 종성(鍾城) 기생. 당시 문인이며 시인이요, 서화에도 능하고 퉁소를 잘 불었다는 풍류 남아 고죽(孤竹) 최경창과 정이 깊었다. 고죽이 종성부사(鍾城府使)를 그만두고, 서울에 와서 병들었다는 소식을 듣고, 종성에서 밤낮으로 이레 동안을 달려 서울까지 찾아온 일이 말썽이 되어, 고죽이 벼슬을 내놓게 됐다는 일화가 있으나, 고죽은 방어사(防禦使) 종사관(從事官)으로 임명되어 상경 도중에 죽었다. 5

◆홍익한 (洪翼漢 ; 1586~1637)

자는 백승(伯升), 호는 화포(花浦). 인조 2년 정시(庭試) 갑과(甲科)에 장원하여, 성균관장령(成均館掌令)을 지냈으며 병자호란에 척화신(斥和臣)으로 청(淸)에 잡혀 갔다가 끝내 굴복하지 않고 피살당한 윤집, 오달제와 함께 3학사(三學士)의 한 사람. 40

◆황윤석 (黃胤錫 ; 1729~1791)

본관은 평해(平海), 자는 영수(永叟). 호는 이재(頤齋). 김원행(金元行)의 문인이다. 1759년(영조 35) 진사시에 합격, 1766년 은일지사(隱逸之士)로서 천거되어 벼슬이 익찬(翊贊)에 이르렀다. 특히 국어학에 대한 공로가 큰데, 그의 문집 '이재유고(頤齋遺稿)' 에 있는 '화음방언자의해(華音方言字義解)', '자모변(字母辨)' 은 국어 연구의 좋은 자료가 된다. '자모변' 은 초(初) 중(中) 종(終) 3성(三聲)에 대한 논술로, '이재유고' 권26의 1~5장까지 실려 있으며, 여러 나라의 문자를 비교 설명했다. '화음방언자의해' 는 '이재유고' 권25의 잡저(雜著) 중의 한 항목으로, 약 150 항목의 우리말의 어원을 중국어 범어(梵語)와 비교하여 고찰했다. 저서로 '이재유고(頤齋遺稿), '이재속고(頤齋續稿)', '이수신편(理藪新編)', '자지록(恣知錄)' 이 있다. 6

◆황진이 (黃眞伊)

본명은 진(眞), 일명 진랑(眞娘) 기명은 명월(明月). 황진사의 서녀로 태어나, 절세의 미모와 뛰어난 재질로 시문에 능하여, 많은 한시와 구슬 같은 시조를 남겼다. 또 노래와 서화에도 능하여 많은 문인 · 석학들을 매혹시킨 개성(開城) 명기. 지족선사(知足禪師)를 파계시키고, 한 수의 시조로 벽계수(碧溪水)를 사로잡은 이야기는 너무도 유명하다. 그렇듯이 자유분방하면서도 다정다감한 그녀였다. 서화담(徐花潭), 박연폭포(朴淵瀑布)와 더불어 송도삼절(松都三絕)로 불린다. 3, 12

◆황 희 (黃喜 ; 1363~1452)

자는 구부(懼夫), 호는 방촌(厖村). 조선 태조~세종대에 벼슬하여 영의정에 이르렀다. 성품이 청렴 원만하고 매우 너그러웠으며, 만년에까지 글 읽기를 게을리 하지 아니하였다. 어진 재상으로 평생토록 여러 사람의 숭앙을 받았다. 62